초등교사를 위한
행복한 교실 만들기

:12가지 TIP!

주광재·임준희·구효숙·박영미
성연이·변서영·최원경·백성숙
문주호·남궁은미·안혜숙·이영숙

박영story

머 리 말

　　가르치는 일은 교사의 경험이 학생들에게 투영되는 과정이자 교사의 언어로 해석된 교과 내용이 학생에게 전달되는 활동이다. 그 과정에서 교사의 경험은 수업의 질을 담보하는, 좋은 수업을 결정하는 가장 중요한 요인이 된다. 교사의 경험은 교사의 전문성과도 밀접한 관련이 있으며 교사의 질과 같은 맥락에서 논의되기도 한다. 이러한 교사의 경험에는 교사의 다양한 경험, 예를 들어 수업과 생활교육 등의 학생과의 상호작용을 통해 획득한 다양한 경험, 교사 개인이 속한 사회 안에서 부딪히면서 획득한 경험, 교사의 교육 경험 이 포함되기 때문이다. 그럼에도 불구하고 교사의 전문성과 수업의 질을 담보하는 데 있어 매우 중요한 요인인 교사의 경험이 교육정책이나 교육제도, 심지어 교실 수업과 관련한 이론적 접근에서 소외당하는 경우가 종종 있다. 그 이유는 교사 경험 의 결과들이 학술적 또는 학문적 토대가 미비하다는 것, 따라서 타당성과 객관성을 확보하기 힘들다는 것, 그리고 온전히 교사의 개인적 경험에 기대어 있어 개별적이고 구체적이므로 일반화시키기에 무리가 있다는 비판 때문이다. 하지만 여기에서 간과하고 있는 것이 있다. 교육학 이론을 포함한 모든 이론은 실제를 바탕으로 하고 있다는 점이다. 그리고 무엇보다 교사의 개인 경험이 축적되는 과정에서 교사는 수많은 구체적이고 개별적 상황들을 마주하게 되며 이 과정에서 교사 나름대로의 일반성을 획득하게 되며, 이를 통해 어떠한 구체적 상황에서도 기존의 겪었던 경험을 토대로 해결해 나갈 수 있는 실제적 힘을 갖게 된다는 것이다.

　　이 책은 교사의 개인 경험 중에서도 수석교사 개개인의 수업 경험을 토대로 구성하였다. 수석교사들이 현장에서 부딪히면서, 수업컨설팅을 위해 고민하고 연구하여 쏟아낸 그들의 목소리를 이론적 언어가 아닌 실제 현장의 언어로 그려낸 책으로 주로 예비교사나 저경력 교사를 대상으로 내용을 구성하였다.

1장은 수업을 바라보는 시선에 관한 것으로 수업컨설팅의 방법적 측면을 다루고 있으며 2~12장은 실제 수업에 적용할 수 있는 수업 방법 내용을 주로 다루고 있다. 각 장의 내용을 간단히 안내하면 다음과 같다. 2장은 배움이 살아 있는 학생 참여 중심 수업을 통해 교실 속에서 학생들에게 말할 수 있는 기회를 제공하고 생각을 나누고 공감할 수 있는 수업 방법을 제시하고 있다. 3장은 감성수업을 통해 자신의 감정 조절 능력을 키우는 방법을 안내하고 있다. 4장은 자존감 향상을 통한 행복한 교실을 만들기 위해 다양한 프로그램을 적용하여 실천하는 교수법을 소개하고 있다. 5장은 질문을 통한 학생중심의 하브루타 질문 수업을 재구성하고 학교 현장에 적용하는 사례를 자세히 안내하고 있다. 6장은 다양한 상담 기법을 적용한 창의적 체험활동 수업 방법을 제시하고 있다. 7장은 수업과 평가의 설계와 실천에 관한 안내와 실천사례를 제시하고 있다. 8장은 효과적인 성교육을 위한 수업을 위해 학교 성교육의 내용 체계를 자세하게 분석하고 이를 적용한 사례를 보여주고 있다. 9장은 학급이나 가정에서 아이들과 함께 책을 활용해서 쉽게 적용할 수 있는 다양한 책 놀이를 소개하고 있다. 10장은 행복한 영어 수업을 위한 안내와 함께 다양한 영어 수업과정안을 제시하고 있다. 11장은 영어 의사소통능력의 신장을 위한 영어 학습 설계에서 실천까지의 과정을 일목요연하게 정리해 놓았다. 12장은 교사가 학부모를 상담할 때 꼭 알아야 하는 핵심적인 내용들을 교사의 입장에서 친절하게 안내하고 있다.

　　비록 부족한 부분이 많지만 이 책의 내용이 수업에 대해, 수업방법에 대해 고민하는 예비교사나 현장교사들에게 수업에 대한 이해와 경험이 많은 교사의 수업 장면을 경험하게 함으로써 수업전문성을 신장시키는 데 도움이 되었으면 한다. 더불어 교사에게 수업의 경험의 중요성과 함께 경험을 나누는 일이 얼마나 소중한지를 다시금 일깨우는 계기가 되길 기대한다.

2018년 5월 저자일동

차 례

01

공감과 자기성찰을 통한 우리 수업 돌아보기

추광재

공감과 자기성찰을 통한 우리 수업 돌아보기

추광재

Ⅰ 서론

　　최근 들어 교사의 수업전문성 안에서, 또는 수업전문성과 별도로 수업컨설팅에 관한 논의가 관련 활동들과 함께 활발히 진행되고 있다. 사회의 급격한 변화와 함께 교육내용과 방법 역시 다변화되고 새로운 이론에 따른 많은 방법적 논의가 이루어지면서 '어떻게 하면 교사들이 더 많이, 더 빨리 수업 관련 정보를 축적하게 만들 것인가'가 수업컨설팅 내용의 중심으로 자리 잡고 있는 것으로 보인다. 이러한 흐름과 맞물려 실제 수업컨설팅이 새로운 수업방법, 새로운 교육과정 및 그에 따른 부수적 내용과 관련된 것들이 주를 이루는 것을 쉽게 볼 수 있다. 그러나 이처럼 빠르고 많은 양의 정보 축적을 위한 일방적인 일방향의 수업컨설팅은 유행처럼 번져가는 특정이론이나 방법 등에 관한 일회성의 수업컨설팅, 수업상황과 괴리된 이론 중심의 연수나 컨설팅 내용, 교사 특성 및 학생과 수업환경 등 교사의 고민을 둘러싼 다양한 요소들을 제대로 이해하지 못한 상태에서의 성급한 컨설팅 활동으로 그칠 가능성이 높다. 그러다보니 그 효과성에 있어서도 의문이 제기될 수밖에 없다. 즉 실제 수업상황이나 교사상황과 괴리된 상태에서의 컨설팅 접근, 일방적인 일방향의 컨설팅 접근은 교사의 전문성을 신장하는 데 있어 한계가 있으며 수업컨설팅이 가진 본래의 목적을 달성하는 데 있어서도 어려움이 따를 수밖에 없다는 것이다.

　　오히려 교사들은 자신과 '공감'되지 않는 수업컨설팅 내용으로 인하여 수업컨설팅에 대해 부정적인 인식을 갖게 되거나, 수업에 관한 다양한 정보의 일방적

주입으로 인하여 수업전문성 신장보다는 자신이 많은 것을 모르고 있다는 것으로 자괴감에 빠지는 경우를 종종 겪게 된다고 한다. 또한 '맥락' 없이, '자신에 대한 자기성찰' 없이 수업컨설팅에 내던져지게 되는 경우 스스로 성장할 수 있는 동력마저 잃게 될 가능성이 높다. 수많은 수업기술과 방법, 수업 관련 이론으로 무장한 수업컨설팅이 교사의 수업의 전문성을 결정하는 중요한 요소이긴 하나 결정적 요소는 아니라는 것이다. 수업컨설팅의 내용을 자신의 것으로 받아들일 수 있는 힘, 수업컨설팅을 통해 자신을 성찰하고 그에 따른 자신의 전문성을 강화시키는 힘, 수업컨설팅을 통해 자신의 수업 철학을 만들어 낼 수 있는 힘, 꺼져가던 열정과 학생에 대한 사랑을 되돌리는 힘 등이 오히려 수업컨설팅에 있어 중요한 내용이자 결정적 요소라는 것이다.

따라서 본 글에서는 수업컨설팅의 방법적 관점에서 '공감'과 '자기성찰'이라는 두 요소를 강조함과 동시에 이를 수업컨설팅 평가의 기준으로 삼아 기존 수업컨설팅 과정에서 흔히 나타나는 절차와 내용의 문제 및 다양한 오류, 수업컨설팅 과정의 비논리성 등을 분석해 보고자 한다. 이를 통해 장학 담당자(교장, 교감, 장학사)나 수석교사 등의 컨설턴트들이 가장 흔히 선택하고 사용하는 수업컨설팅 방법의 문제점을 찾아내고 그에 따른 개선방안을 제시하고자 한다. 또한 '공감'과 '자기성찰'을 통한 '반성적 수업 돌아보기'를 구안해 봄으로써 한국 교실과 교사에게 보다 효과적으로 다가설 수 있는 또 다른 수업컨설팅 방안을 적용할 수 있는 구조와 절차에 대해서 살펴보고자 한다. 보다 구체적으로 수업컨설팅 과정에서 흔히 나타나는 과정상의 일반적 오류, 비논리성, 문제점 등을 분석하여 수업 돌아보기를 위한 토대로 삼을 수 있는 것이 무엇이 있는지 그리고 자발적이고 지속적인 수업 돌아보기를 위한 '공감'과 '자기성찰'의 의미와 방법적 논의를 살펴보고자 한다.

무엇보다 다변화되고 빠르게 변화하는 수업 이론 및 수업방법의 효과성에 관한 논의에 비해 수업 돌아보기를 위한 '공감'과 '자기성찰'에 대한 이론적·실제적 근거가 부족하기에 이 글을 통해 조금이나마 도움을 제공하고자 한다.

II
공감과 자기성찰을 통한 수업 돌아보기

① '공감과 자기성찰'의 의미

공감(empathy)이란 "자신이 직접 경험하지 않고도 다른 사람의 감정을 거의 같은 내용과 수준으로 이해하는 것"으로 정의되고 있으며, 인간관계를 심화시키는 가장 중요한 요소로 여겨지고 있다. Freud(1949)에 따르면 공감이란 "낯선 다른 사람의 내면을 이해하는 데 가장 큰 역할을 하는 것"이라고 밝히고 있다. 또한 추광재(2014)는 공감이란 "타인의 감정과 느낌, 생각을 공유하기 위한 토대이며 서로를 이해하기 위한 관계적 감정"이라고 정의하면서 교사가 갖추어야 할 중요한 관계적 요소임을 주장하고 있다. 공감에 대해 보다 구체적으로 정의한 학자 중의 하나로 사회심리학자인 Mead(1934)는 "공감이 사회적 상호작용을 촉진하는 중요한 요소이며, 다른 사람의 역할을 받아들이고 수용하는 능력과 대안적인 관점을 채택하는 조망 능력이며, 타인의 행동을 잘 예측할 수 있는 능력"으로 보았다. 그리고 Rogers(1957)는 "공감이란 한 사람이 다른 사람의 개인적인 지각 세계 안에 들어가 그 속에서 철저하게 익숙하게 되는 것"이라고 설명하고 있다.

이처럼 공감은 타인의 감정이나 심리상태, 내적인 경험을 이해하고 반영해 주는 능력이다. 물론 타인의 감정이나 심리상태, 내적 경험을 완전히 이해하고 이를 반영한다는 것이 실제적으로 가능한 일은 아니나 공감이라는 개념이 이론적으로 존재할 수 있는 가장 완벽한 상태를 의미하는 것으로 이해하면 될 것이다. 따라서 실제적으로는 개념적으로 완벽한 상태에 도달하고자 하는 노력과 그에 따른 성과나 결과를 '공감'의 의미로 이해하는 것이 바람직하다. 이러한 공감은 인지적, 정서적, 표현적 요소가 상호 영향을 주는 것으로 일반적으로 인식되고 있으나 소수의 학자들은 인지적이든, 정서적이든, 표현적이든 독자적으로도 공감이 가능하다고 주장하고 있다. 그러나 공감을 위해서는 상대방의 정서를 이해해야 하는 정서적 요소와 이를 표현해야 하는 표현적 요소가 기본적으로 포함되어야 하며 더불어 상대방의 감정을 인지적으로 감지할 수 있는(객관적인 심리학적 이론을 토대로) 요소도 필요하다는 점에서 공감은 복합적 개념이며, 상대방의 내적 경험을 그 사람의 관점과 입장에서 이해하려는 태도이기도 하다.

누군가를 가르치고 누군가가 가진 고민과 아픔을 이해하고 함께 하는 것이 수석교사가 가져야 할 지적 요소 외에 정서적 요소이자 태도라는 점을 감안하면 '공감'은 이에 가장 합당한 감정이자 능력이라고 보아야 할 것이다. 수업이든 수업컨설팅이든 상대방을 이해하는 것은 상대방의 감정을 이해하는 것이 선행되지 않으면 그 효과가 반감된다는 사실은 누구나 받아들여야 할 사실임에는 틀림없다. 이와 같은 중요성에 감안하여, 공감과 관련한 연구들이 특히, 친사회적 행동과 정적상관을 갖는다는 연구들이 끊임없이 발표되고 있다. 우리가 이러한 연구 결과에 관심을 가져야 할 이유 중의 하나는 교실과 컨설팅 장면에서 컨설턴트와의 친사회적 관계를 형성하는 데 도움이 된다는 것이다. 그러나 국내에서는 검증을 위한 연구가 아직 이루어지지 않고 있다는 것이 다소 아쉽다.

이러한 교사의 내적 경험에 관한 연구의 중요성이 대두되면서 회자되고 있는 논의 중의 하나가 '성찰'이다. 과거 교사의 전문성 개발은 기술적 합리성 (technical rationality) 패러다임의 영향으로 인해 전문직으로서 갖추어야 할 이론과 능력을 겸비하는 데 많은 시간과 노력을 경주해야 하는 것으로 여겨졌다. 그러나 이 패러다임에 의거한 전문적 지식의 성격은 학교 현장에서 일어나는 다양하고 복잡한 현상을 폭넓게 이해하는 틀로서 적절하지 못하다는 평가를 받아왔다. 흔히 우리가 이야기하는 교육에 관한 전문적 이론은 교육 현장에 그대로 적용될 수 있는 구체적이고 상황적이고 맥락적인 성격을 갖고 있지 못하며 설령 그렇다 하더라도 교육 현장은 이론이 그대로 적용될 수 있을 정도로 안정되고 통제된 상황이 아니다. 위와 같은 문제 제기들로 인하여 최근 성찰(reflection)은 기술적 합리성의 대안으로 주목받고 있다. 성찰이 이론이 갖고 있는 한계성을 극복하고 이론적 지식의 탈맥락성을 성찰적 실천을 통해 유의미하게 만들 수 있다는 시사를 제공하기 때문이다. 특히 창의성 역량이나 사고력 향상을 위하여 인간과 세계를 거시적으로 통찰할 수 있는 안목의 형성에 있어 성찰은 큰 의미를 지니고 있다. 성찰이 중요한 또 다른 이유는 성찰을 통해 자신을 둘러싼 대상과의 상호작용 속에서 의미를 탐색하고 그 안에서 자아를 실현할 수 있는 기회를 제공하기 때문이다. 그리고 성찰은 행위가 일어나는 순간을 주목하는 현재성과 변화와 성장을 추구하는 실천성을 동시에 지니고 있다. 즉 성찰은 자기 발전과 자기 전문성 신장의 토대이자 성장의 원동력이다. 보다 구체적으로 접근하여 수업컨설팅 전문성 신장을 위한 '자기 성찰'은 수업컨설팅에 관한 자신의 전문성을 이해하는 일련의 사고 행위를 가리키는 것으로, 수업컨설팅을 위한 전문성을 탐색하는 과정을 통해 스스로를 되돌아보고 자신의 부족함과 새로움을 발견하고 이해함으로써 수업컨설턴트로서의 자신과 교육전문가로서의 자신의 삶에 대한 가치와 태도를 정향하는 의식활동을 의미한다.

따라서 초등교사의 전문성 신장이나 보다 미시적으로 수업컨설팅과 관련한 전문성 신장을 위한 자기성찰은 초등교사로서, 수업컨설턴트로서의 전문성과 삶을 보다 깊이 이해하는 기회를 제공한다. 교사는 수업컨설턴트로서 수업컨설팅을 통한 '자기성찰'을 함으로써 수업컨설팅을 성찰의 대상으로 삼아 수업컨설팅의 지식과 가치가 가지는 의미를 탐색하고, 그 과정 속에서 그것이 스스로에게 가지는 상황적이고 맥락적인 의미를 구성함으로써 스스로의 변화와 성숙을 도모할 수 있어야 한다.

② '공감'과 '성찰'을 통한 수업 돌아보기의 구조 및 절차

공감과 성찰을 통한 수업 돌아보기는 두 가지 차원에서 논의가 가능하다. 첫째, 방향성에 있어 공감은 타인에 대한 감정적 이해와 상황에 대한 이해를 대상으로 하고 있으며 내가 아닌 타인에게 초점이 맞추어져 있다. 이에 반해 성찰은 그 방향성이 타인이나 상황이 아닌 나 자신에게 맞추어져 있다. 외부가 아닌 내부로 향해 있다는 것이다.

둘째, 도착점 행동에 있어 공감은 그 목적이 전문성 신장에 있다기보다는 관계의 개선, 관계 맺기에 있으며, 성찰은 자신의 전문성을 들여다보고 자신과 타인 모두 현재보다 나은 능력과 지식 등을 함양하고자 하는 데 있다. 이 두 차원은 수업컨설팅에 있어 타인에게로만 향할 수 있는 문제의식이나 책임을 분산하는 효과와 더불어 컨설턴트의 전문성을 되돌아 볼 수 있는 기회를 제공해 준다는 점, 그리고 무엇보다 진정한 공감을 통해 수업자와 수업 관찰자와의 관계 진정성을 통해 서로가 추구하고자 하는 목적을 달성하는 데 도움을 제공해 줄 수 있다는 점에서 매우 효과적이다. 따라서 공감과 성찰을 통한 수업 돌아보기는 구조적으로 수업 돌아보기의 주체들(내부적으로는 수업자 스스로, 외부적으로는 컨설턴트와 컨설턴티)의 내적·외적 조건들을 모두 다룬다는 점에서 기존 수업 돌아보기와 차이를 두고 있으며, 무엇보다 외부적 상황에 치우치기보다는 조화를 중시한다는 점에서 특징적이다.

이러한 공감과 성찰을 통한 수업 돌아보기의 구조적 특징을 도식화하면 다음과 같다.

공감과 성찰을 통한 수업 돌아보기의 구조적 특징(추광재, 2017)

가. 반성 및 성찰

수업 돌아보기에 있어서 문제 행위나 문제 상황, 혹은 전문성 신장을 위해 가장 먼저 고민해 보아야 할 것은 문제 행위나 상황이 발생하게 된 원인, 그리고 전문성 신장을 해야겠다고 생각하게 된 이유를 찾아내는 것이다. '왜 이런 일이 나에게 일어났는지, 다른 교사들에게서는 일어나지 않은 일이 일어난 이유는 무엇인지, 내게 부족한 수업전문성은 무엇인지'를 뒤돌아보고 내가 스스로 해결할 수 있는 일과 없는 일을 구분하는 것이 선행되어야 한다. 자발적 노력 없이 타인(혹은 컨설턴트)의 도움으로 일을 해결하고자 하는 방식은 근본적인 해결책이 될 수 없기에 반성을 통해 자신의 문제를 찾고 스스로 해결하려고 하는 적극적 자세를 가질 필요가 있다. 이 과정에서 수업자와 조력자 모두 자기에 대한 반성을 통해 스스로를 더 잘 이해할 수 있는 계기가 만들어지게 되며 자기 이해 및 공감의 단계로 접근할 수 있는 토대가 된다. 다만 반성과 성찰의 과정에서 주체와 대상을 이원화하여 대상(문제 행위나 상황, 부족한 전문성 등)을 주체와는 관련이 없는 소외된 무엇으로 여기는 경우(자기의 책임을 외면하려는 혹은 책임을 회피하려는 의식에서 비롯)를 조심해야 한다. 자칫 자신을 타당화하거나 정당화하려는 과정에서 철저하게 자신만의 세계에 갇히기 쉽기 때문이다.

나. 자기이해 및 공감

앞의 단계에서 이루어진 반성과 성찰은 자기이해에 지속적으로 간섭하고 영향을 미친다. 자기이해 및 공감의 과정은 반성 및 성찰의 과정을 출발점으로 삼으며 그 도달점으로서의 성격을 갖는다. 여기에서 이야기하는 자기이해에서의 '자기'란 '주체로서의 나'라는 의미 외에 수업컨설팅 대상으로서 그가 속한 교육사회, 시대, 문화 등의 수많은 내적·외적 요인에 의해 영향을 받는 심리적·사회적 대상으로서의 나를 포함한다. 이런 점에서 자기이해 및 공감은 수업 돌아보기 대상으로서의 나와 학교와 학급 안에서의 전문가로서의 나에 대한 이해와 공감을 추구한다는 점에서 차이가 있다. 또한 이해와 공감의 차원에서 머무르는 것이 아니라 교육 현장과 실제에서 실천하는 실행가로서의 의미도 함께 내재하고 있다. 또한 자기이해를 통한 공감, 공감을 통해 자기를 되돌아보는 일은 일정한 방향성을 갖고 있는 것이 아니라 서로가 지속적으로 영향을 주고받는 양방향성의 특성을 갖고 있다.

다. 방향성 및 성장

수업 돌아보기의 목적은 전문성 신장에 있다. 그 과정에서 반성과 성찰, 자기이해 및 공감은 과거 기술 지향적 패러다임에서 놓치고 있었던 주체와 대상의 내부와 외부의 조화에 초점을 맞추고자 하는 데 그 목적을 두고 있다. 전술한 바와 같이 문제 주체나, 행위, 부족한 전문성을 외부적 관점에서 바라보고 외부적 처방만을 제시하는 것은 근본적인 해결책을 제시하는 데 있어 어려움이 있다. 문제를 해결하는 과정에서 수업자 본인이 스스로를 정당화하거나 감싸는 과정은 특정 사실이나 문제들을 배제하거나 은폐, 축소시킬 가능성이 높기도 하지만 이러한 처방적 노력은 무엇보다 더 깊이 자신의 내면이나 문제의 본질을 보기가 쉽지 않다. 방향성은 수업 돌아보기가 추구하고자 하는 지향점을 분명히 하고 본질을 흐리지 않게 하거나 자칫 옆길로 샐 수 있는 것을 바로잡아주는 지지대의 역할을 한다. 이 과정에서 성장은 필수적이며 방향성을 통해 본래의 목적을 훼손하지 않으면서 수업 돌아보기가 이루어지게 될 가능성이 높다. 그리고 방향성은 단순히 문제 대상, 행동 등의 지각과 파악을 의미하는 데 있어 절차를 뜻하는 것이 아니라 문제 행위, 대상 등을 목적에 비추어 문제를 평가하고 종합하는 행위의 성격을 갖는다. 즉 단순히 인과적이고 수동적인 것이 아니라 합목적적이고 능동적인 의미 구성의 과정인 것이다.

수업을 바라보는 시선, 수업과 관련한 모든 논의는 나의 주관성 외에 수업이라는 현상을 구성하는 다양한 대상들이 드러내고 있는 타자성, 즉 교사의 수업 철학, 열정, 학생을 둘러싼 상황, 교실 환경 등이 함께 고려되어야 한다. 단순히 내가 가진 수업 철학과 관점, 그리고 한정된 수업에 관한 지식으로만 수업을 바라보는 것은 수업이 가진 복잡성과 다양성을 훼손하는 일이며, 수업의 아주 작은 부분만을 보게 될 가능성이 높다.

따라서 수업을 여러 시선에서 바라보고 입체적으로 이해하기 위해서는 수업을 구성하는 가장 중요한 요인 중의 하나인 '수업하는 교사의 수업 시선, 철학과 관점'을 이해하고 공감하는 일, 수업 상황, 학생의 상황을 이해하고 공감하는 일에서부터 시작하여 자신의 수업에 대한 시선과 수업에 관한 오류적 지식을 성찰하는 과정이 필요하다.

하지만 이 과정에서 쏟아내는 수업 및 수업컨설팅에 관한 다양한 논의와 비판적 언어들은 추상적이거나 이상적인 언어가 아닌 자신의 언어, 현장 실제의 언어, 쉽게 이해할 수 있는 언어로 기록될 필요가 있다. 그리고 이 기록들이 축적되어 수업과 수업컨설팅에 관한 이해의 자료로서, 교사의 수업 전문성 신장의 자료로서 활용될 가능성이 높다. 특히, 앞서 전술한 바와 같이 '공감'과 '자기성찰'을 통한 수업 돌아보기, 수업컨설팅의 시도는 수업에 관한 다양한 시선을 이해하고 활용성 높은 경험들을 축적하는 데 큰 도움이 될 것으로 기대된다.

02

배움이 살아 있는
학생 참여 중심 수업

임춘희

배움이 살아 있는 학생 참여 중심 수업

임춘희

I
어떤 선생님이 재미있는 걸까?

'재미있는 선생님'

어떤 선생님이 제일 좋으냐고 물으면 다수의 아이들이 하는 말이다.
교사들에게도 학생들이 선호하는 교사 1위를 물어봤다.
"아이들은 어떤 선생님을 제일 좋아할까요?"
"재미있는 선생님이요."
아이들과 같은 생각이다. 교사들도 안다. 아이들은 재미있는 선생님을 좋아
한다는 것을.

되돌아보면 나도 재미있는 선생님이 되려고 부단히도 애를 썼었다.
저학년 담임교사일 때는 스토리텔링으로 목소리까지 흉내 내며 아이들을 재
미있게 해 주려고 노력했다. 재미있는 동화를 찾으려고 도서관을 들락거렸다. 또
한 재미있는 수업도구가 눈에 들어오면 구입했었다. 그렇게 노력하며 준비한 수
업인데 40분을 견디기 힘들었다.

고학년 수업은 어땠나? '수업시작은 동기유발이 잘 되어야 해.' 하며 동영상
자료와 여러 가지 흥미 있는 학습지를 준비했었다. 어느 때는 유머집을 뒤적거리
며 메모했다가 집중이 안 되는 오후 시간에 가끔씩 폭소를 터뜨릴 만한 이야기도

들려주었다. 여러 가지 모둠활동과 다양한 수업방법을 쏟아 놓으며 '아이들이 재미있어 할 거야' 하며 착각하기도 했었다. 어쩌면 잘하는 아이들에게만 기회를 주었던 것은 아니었을까…. 자신의 생각을 자유롭게 표현 못하고 그냥 다수의 친구들 의견을 따라야했던 아이들을 살피지 못했던 것은 아니었을까….

재미있는 선생님을 알게 해 준 그 아이

몇 년 전 수업시간에 소름이 돋을 정도로 감동을 주었던 한 아이가 있었다.

그 아이는 담임선생님을 참 힘들게 했다. 잠시만 눈을 떼면 친구와 싸우고 수업시간에도 공부에는 관심이 없고 친구를 괴롭히는 그야말로 수업을 방해하는 아이였다. 결석이라도 하는 날이면 교실이 평온해서 '차라리 교실에 없었으면 좋겠다.'는 나쁜 생각을 갖게 하는 아이.

어려운 가정환경으로 인해 항상 분노가 쌓여있는 아이였다.

그 아이가 있는 반에서 '친구'에 대한 주제로 배움 활동을 한 후 정리활동을 하고 있었다.

"이제 우리 반 친구들의 생각을 들어볼까요?"

전체 반 아이들의 발표 후, 그 아이의 차례에 아이는 한참 머뭇거리다가 겨우 대답했다.

"친구는 짬뽕이다."

말이 끝나자마자 반 아이들은 "깔깔깔깔~" 웃었고 교실은 웃음바다가 됐다.

짬뽕이라고 말했던 아이는 웃는 반 아이들을 째려보며 주먹을 휘두르려고 했다.

"짬뽕? 그렇게 생각한 이유가 궁금하지 않나요? 선생님은 너무 궁금해요."

너무 궁금하다는 표정으로 웃는 아이들을 진정시켰다.

그랬더니 그 아이는 한참을 머뭇거리다가 큰 소리로 씩씩대며 말했다.

"짬뽕은 내가 제일 좋아하는 거예요. 맛있으니까요."

"아하, 친구를 정말 맛있는 음식, 제일 좋아하는 짬뽕이라 생각했군요."

그러자 누군가의 박수를 시작으로 반 아이들 모두 박수를 치기 시작했다.

마치 드라마 같은 장면이었다. 조금 전까지 웃던 아이들은 "와~" 하며 손뼉을 치고 있었고, 웃는 아이들을 째려보며 주먹을 휘두르려던 아이의 입가에는 '씨익' 미소가 번지고 있었다.

며칠 후 복도에서 나를 본 그 아이는 달려오며 말했다.
"언제 우리 교실에 수업하러 와요?"
"친구는 ㅁㅁ다. 또 안 해요? 재미있으니까 다른 것 또 해요."

아이들이 생각하는 재미있는 선생님이란 재미있는 이야기를 해 준다거나 유머로 교실을 웃음바다로 만들거나 여러 가지 활동을 많이 하는 선생님이 아니었다.
재미있는 선생님은 '수업시간에 내가 무언가를 할 수 있게 해주는 선생님'이었다.

Ⅲ
재미있는 수업을 위한 고민

학기 말 수업이 끝나면 수업성찰을 위해 아이들에게 설문을 한다.
'수업이 어땠는지? 아쉬운 점이 무엇인지? 어떤 수업을 원하는지?'
무기명으로 쓰라고 하니 참 솔직하게도 쓴다.
'왜 그때 나만 한 번 시켰어요?'
'목소리가 왜 이상해요?'
이렇게 장난스럽게 표현한 아이도 있었지만 미소 짓게 하는 표현도 많았다.
'내가 할 수 있어서 재미있었어요.'

재미있는 수업은 교사의 유창한 설명보다, 깔깔거리며 웃게 하는 유머보다 자신이 수업에 직접 참여하여 무언가를 함께 한다는 것. 아이들의 재미있는 수업은 그것이었다.
수업시간에 모든 아이들이 뭔가를 할 수 있게 하자. 모든 아이들이 자신의 생각을 표현하게 하고 배움의 주인공이 될 수 있도록 아이들이 생각하는 '재미있는 수업'을 준비하자.

가끔 수업 끝나는 종소리가 났는데도 아이들이 열심히 할 때가 있다. 그때를 떠올려보면 아이들이 교사의 열변을 듣고 있을 때가 아니다. 집중해서 무엇인가 할 때이다.

'역지사지' 체험을 해 보라고 했다.
교사연수에서 강의를 하다보면 열심히 교재에 적으며 집중하는 교사가 있고, 끝나기를 기다리며 지루해 하는 교사들이 있다. 특히 점심시간 이후에는 집중도가 훨씬 떨어진다. 그래서 체험을 한 번 해 보라는 것이다.
"지금부터는 제가 연수 내용을 설명해야 합니다. 학생의 입장에서 체험을 해 보세요."
교사들의 집중도는 얼마나 될까? 짐작했겠지만 학생들과 비슷하다.
서로 이야기하면서 의견을 나누라고 하면 그만하라고 해도 계속 이야기하며 즐거워한다.
내가 참여하니까 지루하지 않다. 내가 말을 하니까 집중할 수밖에 없는 거다.

교실 속 아이들 모습을 떠올려 보자.
아이들은 내가 하는 것이 있어야 집중을 하고 에너지를 발산한다.
에너지가 넘치는 아이들을 가만히 앉아 선생님 말을 들으라고 하니까 못 견디는 거다.
입을 막고 귀만 열라고 하니 교사의 설명은 재미없고 귀는 쉬는 시간 종소리만 기다릴 수밖에.

이해하는 것을 말로 표현해야 오래 기억하고, 설명할 수 있어야 아는 것이라고 한다.

'교사의 말은 줄이고, 아이들의 생각을 말하게 하자.'
'빠른 아이, 늦는 아이 모두 참여할 수 있는 수업을 만들자.'

V
무엇이든 기본이 먼저다

1 교사는 학생의 거울이다.

가. 수업시간은 언제나 스마일 해야지

웃는 사람을 만나면 나도 모르게 기분이 좋아진다. 아이들은 많은 시간을 교사의 얼굴을 보며 생활한다. 특히 저학년 아이들은 교사의 모습과 행동까지 닮는다고 한다. 아이들이 싫어하는 선생님 중 1위가 '잘 웃지 않은 선생님'이라고 한다.

교실에 들어가기 전 먼저 복도에서 입 꼬리 올리는 연습을 했다. 여러 번 했더니 이제는 교실 문을 열기 전에 입 꼬리는 자동으로 올라간다. 내가 먼저 미소 지으니 아이들이 다시 보이고, 수업이 달라졌다. 교사가 학생을 바라보는 눈빛의 위력도 경험으로 알게 되었다. 무표정으로 바라보기와 부드럽게 미소 지으며 바라보는 것은 질적으로 다르다는 것을.

인도의 속담이다. "웃지 않으려거든 가게 문을 닫아라."

교실 문을 들어설 때 마음속으로 했던 말이다. '웃지 않으려거든 교실 문을 나가라.'

나. 아이들의 이야기에 경청해야지

'우리 선생님은 내 말을 잘 들어주셔.'라고 아이들이 생각한다면 배움은 저절로 일어난다.

목소리가 작은 아이에게는 다가가서 귀를 기울이고, 수업시간에 아이들 이야기를 잘 들어주어야 한다. '선생님도 너희들 말을 이렇게 잘 듣고 있다'고 아이들에게 보여주어야 한다.

"친구의 이야기가 잘 안 들리네요."

양손을 펼쳐 아래로 내리며 조용히 하자는 표현을 한다. 그리고 목소리가 작은 아이의 이야기도 끝까지 듣는 모습을 보여 준다.

'저 친구의 이야기가 다 끝나야지 내 차례가 되겠구나.' 하며 조용히 기다리게 했다.

다. 아이들에게 칭찬의 날개를 달아줘야지

"칭찬은 고래도 춤추게 한다." 맞다. 그러나 결과의 칭찬보다는 과정에 대한 칭찬을 하고, 잘못한 것에 대한 단호함도 잊지 말아야 한다. 교사의 칭찬 한 마디에 어떤 아이는 하루 종일 기분이 좋다. 교사가 무심코 던진 한 마디로 아이의 인생이 바뀐다고 하지 않던가.

"아하, 그런 생각을 했구나. 여러분, 이 친구 생각 어때요?"
교사가 이렇게 감탄을 하면서 말하는데
"아니요. 그 생각 이상해요."
라고 말하는 아이는 거의 없었다.
교사의 추임새 칭찬은 평소 학습에 집중 못하고 어려움이 있는 아이에게 수업에 집중할 수 있는 에너지가 되었다.

라. 아이들과 눈과 몸을 맞춰야지

수업할 때 교사는 서 있고 아이들은 앉아 있다. 교사를 바라보는 아이들의 시선은 상향이다.

바라보는 시선이 평행일 때 공감도가 높다. 특히 발표를 어려워하거나 목소리가 작아 자신감이 없는 아이는 교사가 의도적으로 관심을 더 갖고 다가가야 한다.

개별로 도움을 줄 때도 서서 도와주는 것보다 몸을 낮추어 친근감 있게 가까이 다가가는 것이 더 효과적이었다.

마. 목소리로 집중도를 높여야지

아이들은 교사의 이야기를 재미있어 한다. 교사의 사진과 경험을 이야기해 주면 집중도는 배가 된다. 특히 교사의 목소리는 좋은 수업도구라 할 수 있다. 아이들은 수업시간마다 교사의 목소리를 듣는데 똑같은 톤이나 강약이 없는 목소리를 계속 들어야 한다면 얼마나 지루하고 힘들 것인가. 조금만 연습해서 가끔은 아이들 앞에서 성우가 되어 보자. 저학년은 동화 구연하듯이 아이 목소리로, 고학년은 상황별 역할에 따른 목소리로. 수업 집중도가 높아진다.

② 학생 배움의 첫걸음은 기본 지키기다.

가. 경청할 때 바른 자세

학습의 기본은 듣기에서 출발한다. 요즘 아이들은 자신의 이야기는 잘 한다. 그러나 자신의 이야기가 끝나면 친구의 이야기는 잘 들으려고 하지 않는다. 특히 저학년 교실은 서로 발표하려고 손을 들지만 올렸던 손이 내려가면 바로 옆 친구와 이야기를 하거나 장난을 친다.

수업을 시작할 때마다 학습의 기본 '듣기'를 꼭 강조했다.

'바른 자세로 듣는다.'는 '꼼짝 않고 가만히 앉아서 겉모습만 듣는 것처럼 하는 것이 아니다.'라는 것을 아이들에게 알려 준다. '듣기'가 왜 중요한지, 내가 왜 잘 들어야 하는지, 들을 때 내 생각과 무엇이 같고 무엇이 다른지를 아이들과 충분히 이야기를 나눈다.

결국 '바르게 듣기'는 나에게 꼭 필요하기 때문에 습득해야 한다는 것을 알게 했다.

"우리가 공부할 때 제일 중요한 것이 뭔가요?"
"듣기요."
"왜 잘 들어야 할까요?"
아이들은 알고 있는 거라며 서로 이야기하겠다고 한다.
"듣기를 잘하면 내가 똑똑해져요."
"듣기를 잘하면 친구와 더 친해져요."
"잘 들으면 내가 생각하지 못한 것을 알 수 있어요."

"잘 들으면 내 생각과 친구의 생각을 비교할 수 있어요."

저학년과 고학년 대답의 수준 차는 있지만 잘 들어야 한다는 것을 알고 있었다.

그럼 알고 있는 것을 수업 시간에 실행을 하면 된다.

다인수 학급에서 수업을 하다보면 모두가 잘 듣는 것은 아니다.

"조금 전에 잘 들어야한다고 했죠?"

"장난치지 말고 똑바로 앉아서 들어야죠."

위의 지시보다는 긍정 칭찬이 효과가 더 컸다.

교사는 아이 몇 명만 칭찬해 주면 된다. 그러자 아이들은 칭찬받은 친구처럼 따라했다.

"와우, 저 친구를 칭찬하고 싶어요. 친구가 이야기할 때 눈을 맞추며 끄덕끄덕 했어요."

"이 친구도 칭찬해 주세요. 친구가 이야기할 때 아하~ 하며 공감을 해 주었어요."

"저 뒤에 있는 친구를 위해 박수쳐주세요. 미소 지으며 친구 이야기를 들었어요."

나. 발표할 때 바른 자세

'발표'가 나에게 왜 필요한지, 어떻게 해야 친구들과 함께 배울 수 있는지, 발표를 잘 하려면 어떤 연습을 해야 하는지를 아이들과 충분히 이야기하며 실천의지를 다지게 한다.

아이들마다 발표의 수준이 다르기 때문에 목소리 크기, 시선, 내용에 대한 꾸준한 지도가 필요하다. 교사의 설명과 지도보다는 발표를 잘 하는 친구를 따라 하는 모방이 효과적이었다.

"목소리가 크고 우렁차네요. 교실에서 듣기 알맞은 소리로 조금만 낮추면 훨씬 좋겠어요."

"좋은 이야기인데 선생님만 들을 수 있으니 아쉽네요. 조금만 더 큰소리로 말해 보세요."

"지난 번 발표할 때보다 훨씬 좋아졌어요. 그렇게 연습하면 더 잘 할 수 있어요."

잘 도와주고 칭찬을 잘 하는 사람을 만나면 기분이 좋다. 그런 사람들의 생활을 살펴보면 도와주기와 칭찬을 억지로 하는 것이 아니라 실천이 몸에 배어있다. 도와주기와 칭찬하기는 습관이라고 생각한다. 요즘 아이들은 '도와주기와 칭찬하기'를 어려워한다. 어쩌면 경험부족인 것도 원인 중 하나일 것이다. 교실에서 친구들과 연습하면서 경험한다면 습관이 될 것이다.

"친구들과 배움 나누기를 했는데, 어떤 친구를 칭찬하고 싶나요?"
"저는 ○○을 칭찬합니다. 모르는 문제를 알려 주었습니다."
"저는 ○○를 칭찬합니다. 제 이야기를 끝까지 들어 주었습니다."
"친구가 칭찬해 주었는데 기분이 어때요?"

친구들 앞에서 공개적으로 칭찬을 해 주었는데, 친구들과 사이좋게 지내는 것은 말할 것도 없다.
'다음 시간에는 나도 친구에게 칭찬받아야지.'라는 생각이 수업시간을 기다리게 한다.

③ 수업분위기는 교사가 먼저 만들어야 한다.

교실은 아이들이 사회를 연습하는 곳, 학생들의 배움의 장이다. 그곳에서 경험을 해 봐야 한다.
틀린 것도, 같은 것도, 맞는 것도, 다른 것도, 이상한 것도, 내가 생각하지 못했던 것들도.
아이들이 다양한 상황을 어디서 연습할 수 있겠는가? 학교가 아닌가? 학교에서도 가장 많은 시간을 보내는 교실. 그곳에서 아이들이 경험하도록 교사가 기회를 주어야 한다.

저학년 아이들의 "저요, 저요." 하며 손들던 모습이 고학년으로 올라갈수록 점점 없어진다.
고학년 교실에서 "조용히 하세요." 보다 "누가 발표해 볼까요?"가 교실을 더 조용하게 만든다.
학년이 올라가면서 아이들이 손을 내리게 된 이유는 수업분위기도 원인이었을 것이다.

　　'내가 말한 것이 맞을까, 틀리면 어쩌지, 친구들이 이상하다고 하면 어쩌지….'

　　수업시간 친구들과 함께 배움을 나눌 때 아이들에게 항상 하는 말이다.
　　"교실은 연습하는 곳이에요. 그러니까 틀려도 괜찮아요."
　　"어느 친구가 연습해 볼래요?"
　　"우리 반 친구들이 연습할 기회를 주는 거예요. 용기를 내서 연습해 봐요."

VI
학생 참여 중심 수업 사례

　　아무리 좋은 연수도 다양한 수업방법도 교실 속에서 적용하지 않으면 기억 속에서 잊혀진다. 연수에서 알게 된 좋은 내용도 어려우면 누가 먼저 지칠까? 그렇다. 교사다.

　　나도 그랬다. 획기적인 수업방법을 적용했을 때 기쁨을 만끽하기보다는 좌절을 먼저 느끼며 '우리 반에는 그 좋은 방법들이 맞지 않는다.'고 스스로 위로했었다.

　　특별하지 않은 것, 매일 해도 되는 것, 몇 번만 연습하면 계속 할 수 있는 것이 필요했다.

　　필요한 것을 얻고자 교육도서, 연수를 통해서 하나 둘씩 교실 속에서 적용했지만 시행착오가 많았다. 아이들 모두 수업에 참여시켜 배움이 일어났던 행복수업 중에서 학년별로 1개씩 소개하고자 한다. 아이들이 나에게 했던 감동의 말을 들을 수 있기를 기대한다.

"선생님, 친구와 함께 배우니까 너무 재미있어요."

"벌써 끝났어요? 에이 재미있었는데 계속하면 안 되나요?"

"선생님 수업 너무 재미있어요. 또 언제해요?"

가. 교사도 예습해야지 '수업계획'

교사는 학생들이 '예습 좀 하고 왔으면….' 하고 바란다. 그럼 교사는 매 차시마다 수업 준비를 할 수 있는가? 매일 4~5교시 차시마다 수업계획을 세운다? 힘들 것이다. 나도 어려웠다.

그렇다고 수업계획도 안 하고 수업을 할 수는 없지…. 나만의 수업계획 양식이 필요했다.

교과서를 펼쳐서 차시의 핵심만 작성해서 수업을 했더니 수업의 질이 달랐다.

나의 '수업예습' 핵심만 적어서 활용했던 수업계획 양식을 소개한다(복사해서 사용함).

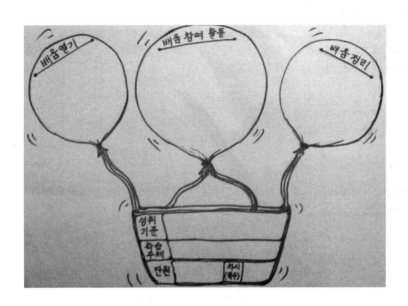

나. 노래로 학습 분위기 만들기

배움 활동 시작할 때 노래를 하면 아이들이 노래 속에 담긴 의미를 다시 살펴보고, 친구들과 배움 활동을 어떻게 해야 하는지 알게 하는 데 효과적이다.

몇 번의 설명보다는 한 곡의 노래가 의미 확인과 집중시키기에 좋은 방법이었다.

아이들이 잘 알고 있는 동요를 개사했다(우리 모두 다 같이 손뼉을, 그대로 멈춰라 등).

질문하고 대답합니다~ (짝활동) **우리모두 이야기해요~** (전체발표) **돌아가며 이야기해요~** (모둠활동) **재미있게 공부합니다~** (짝짝짝)	교사: 이번 시간에는 어떤 배움 활동을 할까요?" – – – – 다 함께 노래 부르기 – – – – "와~ 이번 시간에 세 개 다 해요?" "아니요. 이번 시간에는 짝을 앞뒤로 바꾸어서 하는 짝 활동과 전체발표만 해 봐요." "이번 시간은 2차시 수업으로 실시하니까 친구들과 함께 모두 다 해 봐요."
우리 모두 다같이 말해봐 짝에게 **우리 모두 다같이 말 해 봐 [짝에게]** **짝의 말은 무엇일까 집중해서 들어요** **짝의 말을 친구에게 발표해[짝짝짝]**	교사: 짝 활동 노래 부르며 입 운동 해 볼까요? – – – – 다 함께 노래 부르기 – – – – 교사: 짝의 말은 어떻게 들어야한다고요? 학생: 집중해서 들어요. 교사: 짝 활동 후 발표는 어떻게 한다고요? 학생: 짝의 이야기를 전체 친구에게 발표해요. 교사: 그럼 짝이 말할 때 어떻게 들어야 할까요? 학생: 집중해서 잘 들어야 해요.
즐겁게 모둠 친구와 **이야기해보자 [사이 좋게]** **즐겁게 친구 이야기** **바르게 들어 보자 [조용히]**	교사: 모둠 활동 노래 부르며 입 운동 해 봐요. – – – – 다 함께 노래 부르기 – – – – 교사: 모둠 친구들과 어떻게 해야 한다고요? 학생: 사이좋게 이야기해요. 교사: 모둠 친구들이 이야기할 때 어떻게 해야 할까요? 학생: 집중해서 내 생각과 비교하면서 들어요.

❶ 1학년 학생 참여 수업은 이야기를 하게 하자

1학년 주제교과서를 보면 글씨는 몇 줄이고 전 면이 모두 그림이다. 1학년 수업 경험이 없는 교사는 그림만 있는 교과서를 보면 당황하게 된다. 5분도 집중하기 어려워하는 1학년 아이들인데 1장의 그림으로 어떻게 40분 수업을 하라는 것인가 하고 말이다.

교사가 질문을 하면 아이들은 서로 발표한다고 여기 저기 손을 들고 "저요,

저요." 소리친다. 손들었던 아이들 중에서 교사가 1명을 지명하면 다른 아이들은 들었던 손을 내리며 "어휴" 하며 한숨을 내쉬기도 하고 어떤 아이는 계속 손을 흔들며 시켜달라고 난리다.

1학년 교실의 모습이다. 저학년 아이들은 자신의 이야기를 하고 싶어 한다. 하고 싶은 이야기를 못하게 하니까 장난치고 수업에 집중을 못하는 것이다. 아이들에게 자신의 이야기를 할 수 있도록 기회를 주면 신이 나서 이야기한다. 교사의 설명을 들을 때는 지루했던 눈빛이 자신이 이야기할 때는 초롱초롱한 눈빛으로 바뀐다. 친구에게 침까지 튀기면서 이야기한다.

그 초롱초롱한 눈빛, 침 튀기면서 이야기하는 것을 수업 속으로 끌고 오면 된다.

학습문제를 쉬운 질문으로 바꿔서 아이들에게 생각하게 하고 이야기하게 했다. 그러자 친구에게 자신의 생각을 이야기하느라 신났다. 교과서 그림은 좋은 학습 자료이다. 교사가 다른 수업자료를 준비할 필요도 없이 바로 활용할 수 있기 때문이다. 교과서의 그림 자료와 학습주제를 질문으로만 바꿔도 수업은 풍성해진다. 하지만 1학년 학생의 특성을 고려하며 교사는 앵무새가 되어야 한다. 똑같은 말을 수도 없이 반복해야 아이들이 이해하니까.

"선생님, 이게 뭐예요?"
벌써 다섯 번째다. 이쯤 되면 친절했던 교사의 목소리는 어떻게 될까?
경험한 교사는 알 것이고, 1학년 담임교사가 처음이면 "휴우…." 하며 뒷목을 잡거나 아니면
"금방 말했잖아. 벌써 다섯 번."
어떻게 질문수업을 하냐고? 교사가 질문 연습을 시키면 아이들은 앵무새처럼 잘 따라 한다.

"짝에게 이야기하니까 1의 소리로 말해야죠."
"선생님 따라서 말해 보세요. 사람들은 무엇을 하고 있을까?"
"친절하게 1의 소리로 다시 말해 보세요. 사람들은 무엇을 하고 있을까?"
"친구가 내 이야기를 잘 들을 수 있도록 친절하게 웃으면서 다시 말해 보세요."

"잘 했어요. 그럼 듣는 친구는 어떻게 해야 할까요?"

"친구를 보면서 끄덕끄덕 하면서 들어요."

"맞아요. 잘 들어주는 친구에게는 더 말하고 싶을 거예요."

"선생님 따라서 말해 보세요. 내 생각은 ~~~ 하고 있을 것 같아?"

"선생님 따라서 말해 보세요. 나는 추수하는 분들을 보니 ~~~ 생각이 들어."

"선생님 따라서 말해 보세요. 내 생각은 ~~~ 일이 생길 것 같아."

"잘했어요. 친구가 잘 들을 수 있도록 친절하게 말하는 거예요."

"선생님 따라서 말해 보세요. 내 생각은 ~~~ 하고 있을 것 같아?"

"선생님 따라서 말해 보세요. 나는 ~~ 실천할 거야."

교과	주제교과(바른생활)	학년	1학년	차시 (쪽수)	13/16 (104~105쪽)
성취기준	2바06-02 추수하는 사람들의 수고에 감사하는 태도를 기른다.				
교과역량	자기관리역량, 의사소통역량	학습형태		짝활동, 개별활동, 전체활동	
학습주제	추수하는 분들의 고마움을 알고 내가 실천할 일 다짐하기	학습자료		포스트잇, 캐릭터 자료	

▶ 추수하는 분들을 위해 우리는 어떻게 해야 할까요?

〈생각열기〉 내 생각 자유롭게 말하기

• 교과서 104~105쪽의 그림을 보면서 함께 이야기하기

"사람들은 무엇을 하고 있나요?"

  – 큰아버지는 벼를 추수하고 있어요. / 아버지는 감을 따고 계세요.
    밭에서 고추를 따고 있어요. / 산에서 밤을 따고 있어요….

〈탐구하기〉 질문하고 생각 말하기(짝활동)

"추수하는 분들을 볼 때 어떤 생각을 하게 되나요?"
 - 힘들게 일하는 것 같아요. / 먹을 것을 길러주셔서 고마워요.
   농작물을 가꾸는 것이 어려워 보여요….
"추수하는 분들이 사라진다면 어떻게 될까요?"
 - 먹을 것이 없을 것 같아요. / 밥을 못 먹어서 배고프겠어요.
   내가 좋아하는 과일을 못 먹을 것 같아요….
"추수하는 분들에게 어떤 마음을 가져야 할까요?"
 - 고마운 마음을 가져요. / 감사하는 마음을 가져요.
   음식을 잘 먹겠다는 마음을 가져요….

〈마음 가꾸기〉 나의 실천 다짐하기(전체발표)

• 내가 실천할 수 있는 것을 한 가지 쓰고 약속해요.
  "저는 음식을 먹을 때 (   ) 습니다."
   - 고마운 마음으로 먹겠습니다. / 남기지 않고 잘 먹겠습니다.
     편식하지 않겠습니다. / 골고루 먹겠습니다….
• 친구들에게 약속하며 발표하기
  "너는 어떻게 실천할 거야?"
  "나는 ~~~ 할 거야."

2 2학년 학생 참여 수업은 내 경험을 말하게 하자

저학년 아이들은 이야기하는 것을 좋아한다. 학습에 집중하지 못하는 아이들에게 이야기할 기회를 주면 의외로 말을 잘 한다. 학습주제로 이야기를 할 수 있도록 수업 속으로 아이들을 참여시키자. 발표하라면 머뭇거리던 아이들도 친구와는 어려움 없이 이야기를 잘 한다.

수업 - 경험 - 생활과 연계했던 2학년 수업이다.

교과	주제교과(바른생활)	수업날짜	2017.6.27.(화) ~ 30.(금)
단원	2. 초록이의 여름 여행	차시(쪽수)	15~16/16(120~121쪽)
주제	바닷가에서 안전하게 놀아요.		
성취기준	2바04-02 여름 생활을 건강하고 안전하게 할 수 있도록 계획을 세워 실천한다.		

▶ 바닷가에서 안전하게 놀려면 어떻게 해야 할까요?

그림 보고 생각하기

• 그림을 보고 초록이가 바닷가에서 안전하게 놀 수 있는 방법 찾기
  (아이들이 생각할 수 있는 시간을 충분히 준다.)
• 생각 나누기
  − 내 생각을 짝과 함께 이야기하기
    "초록이가 바닷가에서 안전하게 놀려면 어떻게 해야 할까?"
    "내 생각은 ~~~~. 왜냐하면 ~~~~."

친구 생각 소개하기

  − 짝에게 들은 이야기를 친구들에게 발표한다.

내 생각 쓰기

  − 초록이에게 "조심하라."라는 말을 포스트잇에 쓴다.
    "초록아, ~~~~ 조심해. ~~~~는 꼭 지켜야해."
  − 포스트잇을 칠판에 붙인 후 분류하여 정리한다.
  − 초록이처럼 우리도 '함께 지켜야 할 것'을 이야기한다.

- '내가 바닷가에서 지켜야할 것'을 실천표에 쓴다.
- '실천표'를 반 친구들에게 발표하고 약속한다.

  (수업시간에 약속한 것을 여름방학하기 전에 다시 실천의지를 다지며 약속하게 한다. 개학 후 여름방학 동안 실천했던 약속을 친구들에게 소개하며 자랑할 기회를 준다.)

③ 3학년 학생 참여 수업은 친구들과 함께 실천하게 하자

3학년은 친구들과 의견을 나누며 내 생각과 비교할 수 있는 모둠활동을 활발하게 한다.

공중도덕을 기본으로 잘 지켜야하는 공공장소를 학교로 정했다. 현재의 학교 모습을 사진과 동영상 자료로 살펴본 후 '우리 반 친구들이 생각한 규칙 1위는?'을 모둠 친구들과 토의·토론으로 정한 후 실천의지를 다졌던 수업이다.

교과	도덕(7. 함께 사는 세상)	학년	3학년	차시 (쪽수)	2/4 (168~175)
학습목표	공공장소에서 어떻게 행동해야 하는지 알아보고, 공중도덕을 지키려는 마음을 다진다.				
교과역량	자기관리역량, 의사소통역량	학습형태	짝활동, 개별활동, 전체활동		
학습주제	공공장소에서 우리는 어떻게 행동해야 할까요?	학습자료	육색토의 학습지, 포스트잇		

▶ 공공장소에서 우리는 어떻게 행동해야 할까요?(학교)

〈생각열기〉 학교에서 지켜야 할 공중도덕(모둠활동)

- 내가 생각하는 공중도덕 쓰기
  - 복도, 화장실, 급식실에서 지켜야 할 공중도덕을 1개씩 포스트잇에 쓴다.
- 돌아가며 말하기로 모둠 친구들과 의견 나누기
  - '피라미드 토의' 방법으로 모둠 친구들과 의견 모으기
    (모둠친구들과 의견을 나눈 후 '복도, 화장실, 급식실' 중 1개 고르기)
- 반 친구들의 의견 나누기와 의견 모으기
  - 우리 반 친구들의 의견을 잘 듣고 실천하는 마음을 다진다.

〈탐구하기〉 화장실에서 지켜야할 공중도덕(개별활동, 전체발표)

- 우리 학교에서 공중도덕의 필요성이 필요한 곳 1위는 어디일까요?
  - 화장실, 복도, 급식실, 운동장 등
- 우리가 매일 사용하는 화장실의 문제점 살펴보기
  - 우리가 사용하는 화장실의 모습은 어떤가요?
    (교사가 준비한 화장실의 더러운 사진을 본 후 자유롭게 이야기하기)
- 친구들과 함께 의견 나누기
  - 화장실에서 우리가 꼭 지켜야 할 공중도덕은 무엇일까?
  - 변기 물 꼭 내리기, 화장지 사용 후 처리 잘 하기, 화장실에서 장난치지 않기 등

〈마음 가꾸기〉 나의 실천 다짐

- 내가 먼저 공중도덕 지키기
  - 화: 화장실에서~ / 복: 복도에서~ / 급: 급식실에서~
  - 한 달 동안 잘 실천하고 친구들에게 실천내용 발표하기

4 4학년 학생 참여 수업은 친구들과 생각 나누기를 하자

4학년은 자신의 생각을 자유롭게 표현하고 친구들과 생각을 나누는 활동이 활발해진다.

내 생각을 창의적으로 표현하는 토의·토론 방법 중 '육색모자' 변형을 수업에 적용했다.

교과서 내용의 '나 하나쯤이야.'를 우리 학교의 모습으로 재구성했고, 우리 학교에서 '협동'이 필요한 것을 찾아보게 했다. 내 생각을 육색으로 표현한 후 친구들과 의견 나누기를 했다.

'나 하나쯤이야'를 '내가 먼저'로 협동을 실천하도록 친구들과 의견을 모으는 수업이었다.

교과	도덕(7.힘을 모으고 마음을 하나로)	학년	4학년	차시 (쪽수)	2/4 (170~173)
학습목표	협동하는 생활을 잘 실천하기 위해서는 어떻게 해야 하는지 바르게 판단한다.				
교과역량	자기관리역량, 의사소통역량	학습형태	짝활동, 개별활동, 전체활동		
학습주제	협동을 잘하려면 어떻게 해야 할까요?	학습자료	육색토의 학습지, 포스트잇		

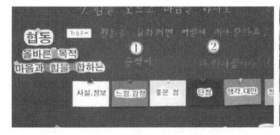

▶ 협동을 잘하려면 어떻게 해야 할까요?

〈생각열기〉 공석이의 문제 해결 방법 찾아보기(모둠활동)

- 공석이 이야기 살펴보기
  - 교과서의 상황을 보고 문제점이 무엇인지 살펴보기
- 공석이 문제를 어떻게 해결해야 할까?

- '피라미드 토의'로 모둠 친구들과 의견 모으기

  (내 생각을 쓰고 모둠 친구들과 의견을 나눈 후 1개 고르기)
- 반 친구들의 해결 방법 의견 나누기
  - 청소를 먼저하고 가야 한다. 모둠 친구들에게 미리 이야기한다.

〈탐구하기〉 '나 하나쯤이야' 해결 방법 찾아보기(개별활동, 전체발표)

- '나 하나쯤이야' 우리 학교에서 문제점 살펴보기
  - 1~3위까지 찾아보기(사진, 동영상)
- 문제점 중 1개를 선택하여 '육색토의'로 의견 나누기(예. 1위 복도에서~)
  (흰색 – 사실, 빨강 – 감정, 노랑 – 좋은점, 검정 – 단점, 초록 – 대안, 파랑 – 정리)
- 내 의견을 쓰고 친구들과 함께 의견 나누기
  - 친구에게 내가 생각한 의견 소개하기
  - 친구들의 생각과 내 생각 비교하기, 좋은 의견 칭찬하기

〈마음 가꾸기〉 나의 실천 다짐

- '협동'을 잘 하려면 어떻게 해야 할까요?
  - 복도에서 '나 하나쯤이야'라고 행동한 적은 없는가?
  - 복도에서 잘 실천하고 한 달 뒤에 발표하기

5 5학년 학생 참여 수업은 질문 만들기로 표현하게 하자

질문은 아이들을 생각하게 하고 호기심을 유발시킨다. 질문에 대한 자신의 생각을 자유롭게 이야기하라고 하면 잘 하지만 질문을 만들어보게 하면 좀 어려워한다. 질문 만들기를 짧은 시간에 쉽게 할 수 있는 방법은 문장의 온점을 물음표로 바꾸는 것이다. 온점을 물음표로 바꾸기만 했는데 아이들의 생각은 풍성해졌다. 같은 질문에 다양한 생각을 이끌어낼 수 있었다.

교과	국어(6. 말의 영향)	학년	5학년	차시 (쪽수)	1/8 (124~125)
학습목표	말이 미치는 영향에 대하여 안다.				
교과역량	자기관리역량, 의사소통역량	학습형태	짝활동, 개별활동, 전체활동		
학습주제	말이 미치는 영향	학습자료	교과서 그림자료(124~125쪽)		

▶ 말을 할 때 신중하게 해야 하는 이유는 무엇일까요?

〈생각열기〉 문제 만들기(짝활동)

- 문장을 질문으로 바꾸기
  - 말이 씨가 된다. ⇒ 말이 씨가 될까?
  - 가는 말이 고와야 오는 말이 곱다.
    ⇒ 가는 말이 고와야 오는 말이 고울까?
  - 가루는 칠수록 고와지고 말은 칠수록 거칠어진다.
    ⇒ 가루는 칠수록 고와지고 말은 칠수록 거칠어질까?
  - 말이 많으면 쓸 말이 적다. ⇒ 말이 많으면 쓸 말이 적을까?
- 질문을 골라 내 생각 표현하기
  - 질문으로 바꾼 속담을 1개 골라서 나의 생각 표현하기
  - 짝과 함께 이야기하기

〈생각나누기〉 같은 속담 다른 생각(모둠활동)

- 같은 속담끼리 의견 나누기
  - 같은 속담끼리 모여서 각자 쓴 내용을 돌아가며 이야기하기

- 친구들 의견 중에서 좋은 내용 추천하여 의견 나누기
- 속담의 깊은 뜻 살펴보기
  - 그림 속 6개의 속담은 어떤 때에 사용하는지 자유롭게 이야기한다.

〈마음가꾸기〉 나의 실천 다짐(전체발표)

- 평상 시 내가 말하는 태도는 어떤가?
  - 그동안 내가 말했던 태도를 되돌아보며 반성해 본 후 실천약속을 한다.
  - '신중하게 말하기' 위해 나는 어떻게 말할 것인지 약속하고 실천의지를 다진다.

6 6학년 학생 참여 수업은 친구들과 공감하게 하자

고학년이 되면 자신의 감정표현을 하는 것과 친구들에게 발표하는 것을 싫어한다. 친구들과의 사소한 다툼을 살펴보면 상대방의 감정을 이해하지 못해 발생하는 경우가 많았다. 내 감정을 알고 친구의 감정을 이해한다면 친구와의 관계가 좋아질 것이다. 고학년이 즐겨 읽는 『그리스 로마 신화』의 이야기 속 주인공을 통해 감정을 찾아보고, 내 감정을 친구와 나누는 수업이었다.

교과	창체(감성수업)	학년	6학년	차시 (쪽수)	1/2
학습목표	감정표현의 중요성을 알고 나의 감정을 표현할 수 있다.				
교과역량	자기관리역량	학습형태		짝활동, 개별활동, 전체활동	
학습주제	감정알기	학습자료		감정학습지, 감정카드	

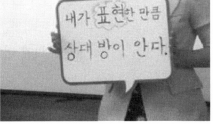

▶ 감정의 종류를 알고, 나의 감정을 표현해 봅시다.

〈동기유발〉

- "불을 훔치는 프로메테우스", "사슬에 묶인 프로메테우스" 명화 감상
  - 명화 이야기에서 주인공의 감정을 찾아봅시다.
- 일주일 동안 느꼈던 나의 감정 써 보기
  - 1분 안에 생각나는 나의 감정을 솔직하게 학습지에 써 보기
  - 감정의 종류를 몰라서 못 썼나요? 감정을 느끼지 못해서 못 썼나요?

〈배움 1〉 감정의 종류 알기

- 긍정적 감정
  - 행복하다, 즐겁다, 감동하다. 자랑스럽다, 만족스럽다, 안심되다….
- 부정적 감정
  - 짜증나다, 분하다, 슬프다, 우울하다, 비참하다, 귀찮다….
- 감정 바꾸기
  - "부정적 감정은 바꿀 수 있을까요?", "긍정적 감정은 어떻게 발전시킬까요?"

〈배움 2〉 나의 감정 표현하기

- 나의 경험을 떠올려 감정 써 보기
  - 그때의 나의 감정, 부정적 감정을 바꾸기, 앞으로 같은 일을 겪게 된다면?
- 감정 나누기
  - 짝에게 자신의 감정을 자세히 설명하기
  - 듣는 친구는 "그랬구나!" 하면서 고개를 끄덕이며 들어주기
  - 중간에 말을 끊어서 위로하지 말고 공감만 해 주기

〈배움 정리〉 감정의 재발견

- "당신의 감정은 안녕하십니까?" 영상을 보며 감정에 대해 생각해 보기
  - 자신의 감정을 잘 알아차리지 못하면 어떤 일이 생길까요?
  - 우리 주변에서 감정을 잘 알면 어떤 좋은 점이 있을까요?

- 깊이 생각하고, 내가 먼저 실천해 봅시다.
  - 친구들이 어떻게 감정 표현을 했으면 좋겠나요?
  - 나는 감정표현을 어떻게 하고 싶나요?

-

VII
맺 으 며

2015 개정 교육과정에서 학생 참여 중심 수업을 강조했다.

그럼 그동안 학생 참여가 없었거나 소홀했단 말인가. 아니다. 교사는 끊임없이 설명하면서 열정적으로 가르쳤고, 학생들은 교사의 설명을 듣고 쓰면서 참여했었다.

'학생들은 모두 즐겁게 참여했을까?'

학생들이 말하는 "정말 재미있었어요."는 교사의 여러 가지 수업방법이나 유머보다는 자신이 수업에 참여하는 것, 자신의 생각을 이야기하며 친구들과 함께 배우는 것이다.

참고문헌

양경윤, 『교실이 살아있는 질문수업』, 즐거운학교, 2016

정철희, 『인문학 초등수업』, 맘에드림, 2016

하브루타 수업 연구회, 『질문이 있는 교실』, 2015

이혜련, 『유쾌한 수업』, 휴먼드림, 2013

박현희, 『토론의 달인을 키우는 토론수업』, 즐거운 학교, 2011

박인기 외 9인, 『스토리텔링과 수업기술』, 사회평론, 2013

정문성 외 2인, 『함께해서 즐거운 협동학습』, 즐거운 학교, 2010

이상우, 『협동학습으로 토의토론 달인되기』, 시그마프레스, 2011

03

감정으로부터
공동善을 위해

구효숙

감정으로부터 공동善을 위해

구효숙

I
시작하며

사람들은 나이 많은 사람을 존경한다고 말합니다.
그러면서 어린 아이는 아랫사람 대하듯 하고
동정하는 듯한 태도로 말합니다.
이것은 잘못입니다.
어린 아이 역시 존경받을 만하기 때문입니다.
어린 아이는 작고 약하며,
모르는 것도 많고 못하는 것도 많지만,
자라서 무엇이 될지 모른다는 것이
노인을 존경하듯 아이를 존경해야 하는 이유입니다.[1]

보살펴야 하는 우리 아이들을 어른들은 소유물인양 함부로 하는 경향이 있다. 아이들은 야누슈가 말한 것처럼 존경하지는 못하더라도 존중해야 할 존재인 것은 맞다. 하나의 인격체로서 따뜻이 돌봐 주고 안아 주고 사랑해 줘야 한다. 세상에 태어나 처음 만나는 어른, 특히 부모님들은 우리 가정으로 온 아이가 내 소유물처럼 부모님 맘대로 해도 되는 존재가 아니라는 것을 알아야 한다. 아이들은 작지만 생각이 있고, 두렵지만 선택할 수 있고, 말이 서툴지만 느낄 수 있으며 어른들의 말과 행동을 보고 듣고 따라하는 따라쟁이다. 부모의 감정에 따라 아이의

---

[1] 야누슈 코르착, 『야누슈 코르착의 아이들』, 양철북, 2014.

감정날씨도 해 나고 바람 불고 눈이나 비가 오기도 한다.

아이들이 편안하고 안정된 가정을 떠나 유치원, 초등학교를 들어오면서 얼마나 많은 스트레스와 환경변화를 겪는가? 낯선 선생님과 환경에 낯선 친구들, 그들과 친해지면서 안전하다고 느낄 수 있을 때까지 불안과 두려움에 하루하루가 힘겨울 거다. 그렇지만 자기감정을 알고 읽을 수 있도록 배워간다면 마음속에서 조절하는 힘도 키워질 거다. 부모나 친인척 이외에 처음 만나는 어른인 선생님은 학생들에게 본을 보이고 학생들을 이끌 수 있는 또 다른 부모이다. 이 세상에서 온전히 인간됨으로 살아갈 아이들에게 기회를 나눠 주고 함께 해야 할 책임이 있다.

II
인성교육과 감정교육

인성교육은?

인성 교육은 현재 우리 사회가 처한 문제와 위기를 해결하기 위한 방안일 뿐 아니라, 성공적인 미래사회의 진입을 위한 필요조건이다. 인성에 기반한 따뜻한 사회 구현을 위한 범사회적 노력이 필요하다. 바른 인성을 기반으로 한 사회적 변화를 위해 학교·가정·사회 모두가 인성회복을 위해 노력해야 한다. 2015 개정 교육과정의 추구하는 인간상 중에 '공동체 의식을 가지고 세계와 소통하는 민주시민으로서 배려와 나눔을 실천하는 더불어 사는 사람'이 있다. 또한 인성교육진흥법 제2조를 보면 인성교육을 "자신의 내면을 바르고 건전하게 가꾸고, 타인·공동체·자연과 더불어 살아가는 데 필요한 인간다운 성품과 역량을 기르는 것을 목적으로 하는 교육"이라고 정의 내린다. 인성교육의 방향을 보면 예, 효, 정직, 책임, 존중, 배려, 소통, 협동의 핵심가치와 덕목을 자기관리역량, 심미적·감성역량, 의사소통역량, 갈등관리역량, 공동체역량 중심으로 참여하고 실천하는 통합적 접근으로 본다.[2]

2015 개정 교육과정 3~4학년군 교과 중 도덕과는 인성교육의 중심교과로서 위상을 확보하고 있으며 성실, 배려, 정의, 책임이라는 네 개의 핵심 가치를 내면화함으로써 인성의 기본 요소를 길러 주고자 하는 실천적 성격을 지니고 있다.[3]

---

[2] 교육부, 강원도교육청, 『2015 인성교육 사범학교 일반화 자료집』.
[3] 교육부, 『2015 개정 교육과정 3~4학년군 현장교원연수 교재』.

② 감성교육은?

　　이스라엘 유발 하라리(41) 교수는 중세를 전공한 역사학자로 유전공학과 인공지능 연구의 최전선을 인용해 인류의 진화와 미래를 예측하고, 옥스퍼드에서 박사학위를 받은 사람이다. 그런 그가 4차 산업혁명과 인공지능의 도래를 앞두고 인터뷰한 자료에서 말했다. "우리가 후속세대에게 가르쳐야 할 과목은 '감성지능(Emotional Intelligence)과 마음의 균형(Mental Balance)'이다. 지금까지는 20대까지 공부한 걸로 평생을 먹고 살았다. 하지만 앞으로는 여든에도 끊임없는 자기계발을 해야 할 것이다. 구체적으로 무엇을 새로 배워야 할지는 알 수 없다. 하지만 경직된 사람, 마음이 유연하지 않은 사람은 버티기 힘들 것이다." 로봇이 발전할수록 우린 더욱 인간만이 지닌 고유성과 인간적인 소통에 관심을 가져야 한다.[4]

　　감정은 어떤 일, 사물이나 현상에 대해 느끼면서 일어나는 심정이나 기분을 말하며, 감성은 자극에 대해 느낌이 일어나는 능력을 말한다. 순간적으로 느끼는 감정은 본인이 알아채지 못한 채 순식간에 지나가버리는 특징도 있다.[5] 존 메이어(John Mayer)와 피터 샐로비(Peter Salovey) 두 심리학자가 쓴 논문에서 처음으로 '감성지능'이라는 개념이 등장했고 구체적으로 제시하고 있다.

　　감성지능의 영역을 보면 첫째는 자신의 감정을 인식하는 능력으로 감성지능의 중추를 이룬다. 둘째는 자신의 감정을 조절하는 능력으로 자기 인식을 바탕으로 구축될 수 있다.

　　셋째는 자신에게 동기를 부여하는 능력으로 목표 달성을 위해 감정을 잘 정리해 나가면 주의 집중과 동기 부여, 자기 극복, 창의성이 증가된다고 한다. 넷째는 타인의 감정을 인식하는 능력 즉, 감성적 자기 인식이 있어야 구축될 수 있는 또 다른 능력으로, 넓게 보면 타인의 감정을 관리하는 기술이다.[6] 이는 자신과 타인의 감정지능은 배움을 통해 계발될 수 있는 가능성이 많다는 것을 시사한다.

　　현재 우리나라 교육현장에서 감성수업에 대한 필요성을 많이 느끼고 있으며 인성교육의 새로운 방향으로 긍정심리학을 바탕으로 한 감성교육과 행복교육이 활발히 진행되고 있다.

---

4 교육부, 『행복한 교육』 10월호, 2017, p.56.
5 다음 백과사전.
6 데니얼 골먼, 『EQ감성지능』, 2006, p.97.

　　신경과학에서는 다른 사람의 경험을 뇌가 마치 거울처럼 반사한다는 의미로 뇌를 거울 신경계라고 부른다. 인간의 뇌는 원래 사회적이기 때문이다. 이런 사회적 뇌가 공감의 근원이며, 우리가 서로 소통하고 이해할 수 있는 기반이 된다. 타인의 고통과 관련해서 우리의 뇌는 감각적 고통은 같이 느끼지 않는 반면에, 고통에 수반되는 감정적 측면은 같이 느낄 수 있음이 밝혀졌다.[7] 공감능력이 낮은 사람들은 때때로 차분히 앉아서 자기 자신을 돌이켜 보는 반성 혹은 명상의 시간을 갖는 것이 도움이 된다. 감정이나 내 생각의 흐름을 스스로 돌이켜 보는 것만으로도 뇌는 공감능력과 역지사지의 능력을 발휘할 준비를 갖추게 된다.[8] 긍정정서의 확장 및 축적 이론에서는 사랑, 기쁨, 만족, 감사, 희망과 같은 긍정정서를 일상생활에서 빈번하게 경험하는 것을 강조한다. 또한 적극적이고 건설적인 반응과 마음챙김(mindfulness)의 경청은 학교에서 진실성 있게 주의를 기울이며 존중하는 대인 관계적 의사소통을 할 수 있도록 하는 통로가 된다.(Norrish, 2014:32)[9]

　　예를 들면 발표나 대화를 나눌 때 공감할 수 있는 교실 약속으로 '이하 대화법'의 약속용어 '침묵', '경청', '감동'을 칠판에 게시하여 언제나 볼 수 있게 한다. 수업 중이나 일상생활 속에서 친구나 상대방이 말할 때는 '침묵'하고 끝까지 들어주고, 바르게 생각하며 '경청'하고 '감동'을 표현한다. 상대방이 말할 때 "아~하" 하고 추임새를 넣어 칭찬과 격려의 눈빛을 주면서 서로 공감하는 반응을 보이기 위해서다. 이 공감대화는 의사소통에 효과가 있으며 침묵, 경청, 감동의 원칙이 있다. '침묵'은

'마음의 힘을 기르는 감성수업',
조선미 외 3인

끝까지 들어주기, 끼어들지 않기, 평가하지 않기이고, '경청'은 바르게 듣기, 생각하며 듣기, 메모하며 듣기이다. '감동'은 눈빛을 맞추고, 고개를 끄덕이며, "아~하" 하고 추임새를 넣는 것이다.

7　김주환, 『회복탄력성』, 2014, p.180.
8　김주환, 『회복탄력성』, 2014, p.185.
9　추병완, 『도덕교육 탐구』, 2017, p.51.

III
공동善을 위한 감성 수업

1 하루의 시작, 감정 체크판

가. 감정 읽기 마법사 감정 체크판

감정을 잘 다루려면 잘 읽기부터 해야 한다. 감정을 알아야 스스로를 보호하고 감정도 잘 다스릴 수 있다. 그래서 교실의 아이들의 감정을 체크해 보아야 한다.

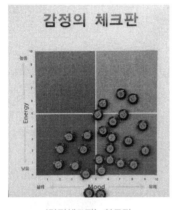

'감정체크판', 함규정

왼쪽의 세로축은 신체 에너지 수준이고 아래에 있는 0에 가까워질수록 에너지가 없다는 것이다. 몸에 힘이 없다는 뜻이다. 반대로 위의 10에 가까울수록 힘이 넘친다는 뜻이다. 아래에 있는 가로축은 기분에 대한 것으로 오른쪽 10에 가까울수록 기분이 최고로 좋다는 뜻이다. 유쾌, 통쾌, 상쾌한 상태이다.[10] 오른쪽 아래 초록면에 있으면 기분은 좋은데 몸에 힘이 없고, 마음은 편안한데 에너지가 없다는 뜻이므로 간식을 먹거나 가볍게 산책을 하며 걸어서 에너지를 끌어올리면 된다. 오른쪽 위 노랑면은 몸도 마음도 최고로 행복한 감정을 느낀다는 것을 의미한다. 왼쪽 위의 빨강면은 조심해야 한다. 화가 나 있거나 스트레스가 있는 것으로, 감정을 가라앉힐 수 있게 장난감 놀이를 하거나 음악을 듣거나 시원한 물을 마시면 도움이 된다. 마지막으로 왼쪽 아래의 파랑면은 몸에 기운도 없고 우울한 상태를 의미한다. 이럴 때는 잘 먹고 평소 좋아하는 책을 보거나 인형을 품에 안고, 가족이나 친구들과 이야기를 나누면 좋다.[11]

일주일에 한두 번 정도 월요일 아침이나 금요일 즈음하여 감정을 체크하며 아이들의 감정을 알아보는 것이 좋다. 특히 빨강면 친구들은 쉬는 시간 틈틈이 감정의 수용선이 내려갔는지 한 번 더 관심을 가져본다. 감정은 움직이는 것이니만큼 집에 귀가하기 전에 행복한 감정으로 돌아갈 수 있으면 행복한 감정이 남아서

---

10 함규정, 『함규정선생님의 아주 친절한 감정수업』, 2014, p.42.
11 함규정, 『함규정선생님의 아주 친절한 감정수업』, 2014, pp.44~45.

남은 하루가 평안하다. 수업시간도 마찬가지다. 내내 즐거운 행복한 수업시간이었는데 마지막 정리 시간에 숙제가 있다거나, 부주의해서 지적을 받으면 부정적인 감정이 남아 그 수업에 대한 기억은 나쁜 것으로 저장된다.

하임 G. 기너트의 『교실을 구하는 열쇠』를 보면 "노련한 교사는 분노를 두려워하지 않는다. 아이들에게 모욕을 주지 않고 분노를 표현하는 비법을 터득했기 때문이다. 화를 부추기는 경우에도, 아이에게 모욕적인 언사를 하지 않는다. 아이의 성격을 비난하거나 인격을 모독하지 않는다."라는 말이 있다.

교사 자신도 감정을 체크해 보고 감정을 잘 다루게 되면 감정에 휘둘려 하루를 망치는 일은 없을 것이다. 노련한 교사는 경험으로부터 얻은 지혜가 있지만 경력이 많지 않아도 자신의 감정을 알아차리고 학생들의 감정을 존중한다면 충분히 노련한 교사 못지않은 교육적인 면모를 보일 것이다.

나. 감정출석부로 감정 표현하기

하루를 시작할 때 자연스럽게 칠판에 붙어 있는 감정출석부에 있는 감정표현 아래 자신의 이름을 부착한다. 몸과 마음의 변화를 알고 표현함으로 감성능력을 기를 수 있다. 감정을 읽어주고 수용하고 공감해 주면 아이들은 마음을 열고 수업을 준비하는 바람직한 행동을 한다. 긍정 감정을 갖고 있는 아이들은 갈등이 일어나도 유연한 자세를 보이지만 부정적인 감정을 갖고 있는 아이들은 갈등상황에서 감정이 폭발하여 부정적인 행동을 한다. 감정출석부를 통해 선생님은 물론 같은 반 친구들도 부정적인 감정을 가진 친구들을 대할 때 조심하거나 공감하는 자세로 수용하여 안전한 교실 분위기를 이끌어 갈 수 있다.

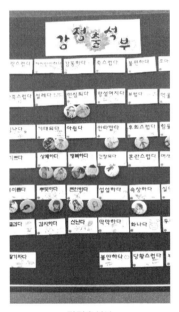

감정출석부

전담 수업시간에는 교과 공책에 한 줄 글쓰기를 통해 감정 표현하기를 한다. "감정 1번, 3번입니다. 왜냐하면 ~~이기 때문입니다." 등으로 짝끼리 혹은 모둠끼리 이야기를 나누거나 도미노 발표로 돌아가며 전체가 친구들의 감정을 들어 본다.

당일에 갈등상황이 있었다면 선생님과 상담을 통해 감정수용선이 내려갔는지 감정 변화과정을 나눠볼 수 있다. 소용돌이치는 감정으로부터 자신의 감정을 조절할 기회를 제공받으며 이런 배움 활동을 통해 마음 힘을 기른다.

2 감성수업으로 자기 조절력 기르기

가. 감정 날씨와 공감 일기

매 차시를 시작할 때 배움 준비를 한다. 하루 날씨를 돌아보며 그 날의 날짜와 함께 감정 날씨를 칠판에 표기한다. 학생들은 스스로 자신이 느끼는 지금 이 순간 감정 날씨를 공책에 메모하며 배움 준비를 한다. 날(짜와 날씨), 단(단원), 학(학습문제) 순서로 적는다.

그리고 수업이 끝나는 마무리 단계에서 공감 일기를 적는다. 수업 정리 단계에서 오늘 배운 것에 대한 생각이나 감정을 표현하며 학습 정리를 한다. 이 활동은 감정 단어를 익히고 다양하게 표현하며 자신의 감정을 알아차리기 위한 지속적인 활동이다.

'감정카드' 조선미,
'신호등 카드'

신호등 카드로 감정 알기,
수업 소감 표현활동 자료

학생의 공책 필기 예시

나. 부정감정 다스리기

기쁨, 즐거움, 편안함 등의 기분을 좋게 하는 긍정적인 감정들은 즐기면 즐길수록 좋다. 그렇다고 해서 부정적인 감정이 일어나는 것이 나쁜 것은 아니다. 그런 부정적인 감정이 일어날 때 어떻게 표현하느냐가 관건이다. 그리고 화, 짜증, 슬픔 같은 부정적인 감정들이 오래 지속되지 않도록 바꾸어야 한다. 부정적인 감정이 오래 남아 있으면 배움에 몰입할 수 없고 몸도 마음도 힘들어진다.[12]

감정의 소용돌이에서 빠져나올 수 있는 빠르고 집중적인 회복 방법인 패스

12 함규정, 『함규정 선생님의 아주 친절한 감정수업』, 2014, p.155.

트 힐링(Fast Healing)에 초점을 둔다. 학급의 평화적이고 안전한 공동선(善)을 위해 각자 노력하는 모습을 보인다. 예시로 심호흡하기, 장난감 갖고 놀기, 시원한 물 한 잔 마시기, 행복한 순간 상상하기, 노래 부르기, 친구와 산책하기 등 자기만의 방법을 찾는 활동을 한다.

감정은 요술쟁이

학년 반 이름

* 분노(화)가 일어날 때 내 몸과 마음에서 어떤 반응이 일어나는지 표현해 보세요.

1. 분노(화) 조절을 위한 나만의 방법은 어떤 것이 있나요?
2. 오늘 배운 분노(화) 조절 방법 중에서 내가 선택하고 싶은 좋은 방법은?

교과	도덕, 창체	학습주제	부정감정을 다스리는 나만의 방법 찾기	차시	1~2/4
학습목표	감정의 의미를 알고 내 마음을 알 수 있다. 화를 다스리는 나만의 방법을 찾을 수 있다.				
학습순서	활동 내용			비고	
도입	• 오늘 날씨를 감정을 넣어 표현하기(예: 반가운 비) • 표정에 어울리는 감정 퀴즈			감정카드 그림PPT	
전개	• 요즈음 내 감정 알기 • 짝과 이야기 나누기("나는 동생과 놀아서 즐거웠어.", "그렇구나! 나는 아침에 늦지 않아서 기뻤어.") • 감정의 연결고리(감정 쿠키맨에 표현하기) • 나만의 감정 다스리는 법 발표하기 • 공감 대화 방법 알기(사실 – 감정 – 바람 – 부탁)			색연필 사인펜 활동지	
정리	• 공감 나누기 • 오늘 수업에서 알게 된 점 도미노발표			공감 일기	

다. 다섯 손가락 보석 반지 그리기

교과	도덕, 창체	학습주제	친구와 함께 가꾸는 감성 찾기	차시	1~2/2
학습목표		친구와 사이좋게 지낼 때 내 감정을 알아차릴 수 있다. 나를 행복하게 해 주는 친구를 찾을 수 있다.			

학습순서	활동 내용	비고
도입	• "다섯 글자 예쁜 말" 노래 부르기 • 지금 내 감정 알기: 짝에게 감정카드를 보여 주며 이야기하기	"다섯 글자 예쁜 말" 동영상, 감정카드

전개	• 좋은 친구 정의 내리기
	  좋은 친구는 어떤 사람인가? 브레인스토밍(칠판 이용)
	  내가 어떤 말과 행동을 할 때 친구가 좋아하는가?
	  친구와 사이좋을 때 어떤 감정인지 카드 보여 주며 말하기
	• 다섯 손가락 활동지 하기: 학습지에 그리고 손바닥에 긍정감정을 이용한
	  이름 적기(예. 신나는 OOO)
	  손가락마다 나에게 좋은 친구 이름 적기
	  손톱 위치에 캐릭터나 동물 얼굴 그리고 꾸미기
		감정카드
		활동지
		색연필
		사인펜

정리	• 이름만 들어도 행복해지는 친구 이름 손가락에 '행복 반지' 그려 주기 • 오늘 활동하고 나서 친구를 생각하니 어떤 기분이 드나요?	공감 일기

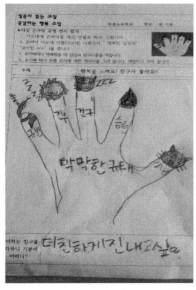 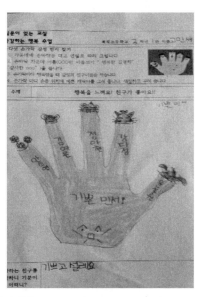

다섯 손가락 활동

1. 교수 · 학습의 개요

단계	학습형태	주요 학습 내용 및 전략	투입자료
생각 열기	전체	◆ 동기유발 및 학습문제 확인하기 ▷ 내 감정상태 점검하기, 전시학습 상기, 학습문제 알아보기	㉔ PPT, 아하 대화법
탐구 하기	전체 개별 모둠	◆ 점검해요 ▷ '아하 대화법'으로 적극적 경청하며 다섯 손가락을 이용한 점검하기 ◆ 올바른 사용 말해요! ▷ 회전목마 토론순서 알기, 자기의견 나누기 ◆ 공감해요 ▷ 역할놀이를 통한 공감하기	㉔ 회전목마 토론 순서, 포스트잇
마무리	개별	마음 다지기 ▷ 스스로 실천 다짐하기, 자기 평가하기, 상호 평가하기 차시예고하기 ▷ 악성 댓글과 선한 댓글 알기	㉔ 감성점수 막대, 포스트잇

2. 교수 · 학습 과정안

일시	2017. 06. 6교시		대상	5학년	수업 교사	구○○
단원(차시)	4. 정보 사회에서의 올바른 생활(2/4)		교과서	90~93	수업 장소	수업지원실
학습주제	알맞은 근거를 들어 자신의 주장 말하기				수업 모형	가치판단 모형 역할놀이 모형

핵심성취 기준	도621. 정보 사회의 의미와 특징을 명확하게 알고 정보 기기를 올바르게 이용하는 방법을 익히며, 정보 사회에서 네티즌이 지녀야 할 기본 예절(네티켓)에 대해 토의할 수 있다.
학습목표	* 정보 기기의 올바른 사용법을 알고 건전한 생활을 하기 위해 잘 판단하는 힘을 기른다. (창의) 회전목마 토론으로 열린 생각과 창의적인 사고력을 기를 수 있다. (인성) 아하 대화법을 체득하게 됨으로써 경청하는 습관과 공감적 의사소통능력을 기를 수 있다.

학습전략	수업전략	도덕가치판단 모형, 아하 대화법, 회전목마 토론 기법, 역할놀이 모형
	인성요소	예절, 절제, 책임, 자율, 존중, 공정
	핵심역량	의사소통능력, 공감능력, 자기관리능력
	학습집단조직	전체 → 회전목마 토론 → 모둠 → 전체
학습자료	교사	PPT, 아하 대화법 붙임자료, 회전목마 토론 순서도, 감정점수 막대
	학생	포스트잇

수업자 의도	교육과정상 우리 · 타인과의 관계영역의 중심 가치 · 덕목은 예절이며 관련 가치 · 덕목은 절제, 준법이다. 도덕적 사고와 행동이 가상공간으로 확장되고 있는 점에서 도덕적으로 사고하고 실천할 수 있는 태도를 기르는 데 중점을 둔다. 건전한 정보 윤리 생활을 할 수 있는 지적 안목과 기본자세를 구축하는 것을 목표로 학생 참여 중심의 수업으로 자연스럽게 인성 함양 및 성취기준에 도달하도록 하는 수업이다. 목표를 달성하는 과정에서 적극적인 경청능력을 향상시키기 위해 아하 대화법, 효과적인 의사소통능력을 기르고 전체 친구들과 자연스럽게 만날 수 있는 기회를 제공하기 위해 회전목마 토론을 익혀 수업에 참여시키고자 한다. 친구들과 더불어 하는 역할놀이를 통하여 공감능력을 향상하고 인성도 바르게 성장하게 되는 모습을 기대한다. 교사 주도가 아닌 학생 활동이 중심이 되어 학생들이 살아있는 수업을 만들고자 한다.

단계	학습 요소	교수 · 학습 활동		핵심 역량 인성	자료(짜) 및 유의점(㉮)
		교사 활동	학생 활동과 예상 반응		
생각 열기	전시 학습 상기	☐ 오늘의 내 감정은? ☐ 스마트폰이 우리 친구들에게 주 는 피해 알아보기	■ 감정카드를 선택하여 이유 말하기 ■ 전시학습 때 배운 근거로 상기해 본다.		짜 감정카드 짜 동기유발 자료 ㉮ 일상생활에 서 자신의 경험 과 관련지어 설 명하는 습관을 기를 수 있도록 지도한다. ㉮동기유발 자 료와 질문을 통 해 학습문제를 유추해 보도록 한다. 짜 판서
		〈통 · 실 · 전 · 책〉 – 통: 통계 자료,　　　 – 실: 실제 경험 자료 – 전: 전문가 의견,　　　 – 책: 책 속에서			
		T. 통 · 실 · 전 · 책을 쓰면 어떤 점 이 좋을까요?	S1. 근거가 탄탄해집니다.		
	학습 동기 유발	☐ PPT 시청 T. 화면을 보여 줄게요. 오늘 학습 할 문제가 무엇인지 살펴봅시다.	■ 화면을 보면서 오늘 학습할 문제를 생각해 본다.		
	학습 문제 확인	☐ 학습문제 확인하기 T. 이번 시간에 어떤 공부를 하면 좋을지 알아봅시다.	■ 학습문제의 핵심 단어 초성을 완성하기		
		📖 정보기기의 올바른 (사용법)을 알고, 건전한 생활을 위해 잘 (판단)하는 힘을 기른다.			
탐구 준비 하기	학습 활동 안내	☐ 공부할 내용과 순서 알아보기	■ 학습 활동 확인하기		
		활동 1: 점검해요 활동 2: 올바른 사용 말해요! 활동 3: 공감해요			
	학습 약속 정하기	☐ 듣는 방법 T. 듣는 건 어떻게 들으면 좋을까요? – 침묵: 끼어들지 않기 – 경청: 바르게 듣기, 생각하며 　　　 듣기, 메모하며 듣기, – 감동: 고개 끄덕이기, 미소, 　　　 "아~하" 외치기	■ 아하 대화법 익히기	예절	짜 붙임자료 동영상 짜 붙임자료 ㉮ 절차에 대 해 알고 있는 내용을 확인시 킨다.
탐구 하기	도덕적 문제 사태의 제시 및 분석	활동 1: 점검해요		자율	
		☐ 스마트폰 중독과 관련된 사례 제시하기 T. 다섯 손가락을 접으면서 점검해 보겠습니다.	S. 자기에게 해당되는 사항에 대해 손가락을 하나씩 접어 나간다.		

단계	학습 요소	교수 · 학습 활동		핵심 역량 인성	자료(짜) 및 유의점(윤)
		교사 활동	학생 활동과 예상 반응		
탐구 하기	도덕 판단 · 합리적 의사 결정의 학습	**활동 2: 올바른 사용 말해요!**			윤 학생 수가 짝이 맞지 않으면 교사가 참여한다.
		□ 회전목마 토론 순서를 활용하여 안내하기 T. 회전목마 토론 순서를 알아 봅시다.	■ 회전목마 토론 확인하기 S. 칠판 자료를 보고 순서를 익힌다.	절제 존중	
		① 자리이동 → ② 인사 – 칭찬 – 감사 ③ 발표 순서 정하기 → ④ 말하는 자: 말, 듣, 메모 → ⑤ 듣는 자: 말, 듣, 메모 → ⑥ 마침 신호			짜 붙임자료
		□ 친구들의 시범 보이기 T. 친구 두 명이 나와서 시범을 보이겠습니다. 경청해서 듣기 바랍니다. T. 선생님의 신호에 맞게 회전목마 토론을 시작해 볼까요?	■ 학생 시범 보이기 S1. 스마트폰은 정보를 찾을 때 사용해요. 왜냐하면~ S2. 시간을 정해 놓고 사용해요. 왜냐하면~	의사 소통 능력 예절 자율	윤 원활한 토론 진행을 위해 과제를 통해 시범 보일 친구를 미리 정해 둔다. 윤 이미 학생들이 알고 있으므로 간단하게 확인하는 단계만 거치도록 한다. 짜 회전목마 토론 자료 윤 바로 옆에서 대화내용을 들을 수 있으므로 이동할 때 2칸 이상 건너뛰도록 한다. 목소리는 2단계로 한다. 윤 자신의 다양한 경험을 바탕으로 정보 기기의 올바른 사용 방법을 말하고 들어 본다.
		토론하기			
		1. 첫 번째 회전목마 토론 ▶ 준비한 각자의 의견을 들고 첫 번째 친구와 만나 활동하기 ▶ 의견카드를 들고 '아하 대화법'으로 경청하도록 격려하기 ▶ 친구의 의견 적기			
		↓			
		2. 두 번째 회전목마 토론 ▶ 두 자리 옮겨 짝 바꾸기 ▶ 의견카드에서 핵심 단어만 보고 의견과 근거 말하고 친구의 의견에 "아하 그렇구나." 꼭 말하기 ▶ 친구의 의견도 참고하기			
		↓			
		3. 세 번째 회전목마 토론 ▶ 세 자리 옮겨 짝 바꾸기 ▶ 의견카드를 보지 않고 기억나는 주장과 근거를 말하고 친구의 의견을 경청함으로써 자신의 생각을 보다 확실하게 정리하기 ▶ 친구의 의견도 참고하기			
		↓			
		4. 네 번째 회전목마 토론 ▶ 네 자리 옮겨 짝 바꾸기 ▶ 의견과 근거를 말한 뒤에 친구에게 질문하기를 통해 보다 깊은 토론이 되도록 하기			

단계	학습요소	교수 · 학습 활동		핵심역량 인성	자료(자) 및 유의점(유)
		교사 활동	학생 활동과 예상 반응		
		활동 3: 공감해요		자기관리능력 존중 예절 절제	유 신호에 따라 연기를 스톱모션으로 정지합니다. 술래의 발표가 시작되면 동작을 품니다.
탐구하기	도덕적 정서 및 의지의 강화	ㅁ '가상공간에서의 따돌림'에 관한 역할놀이하기 T. 이제 마지막으로 역할놀이를 해 보겠습니다. T. 설정된 상황으로 연기를 합니다. T. 설정된 상황 연기였지만 술래에게 사과합니다. T. 술래는 느낌이 어땠나요? T. 상황연기를 한 친구들 중 느낌이 어땠는지 말해 줄 친구 있나요?	■ 술래놀이로 역할놀이하기 S. 술래를 정하고 나머지는 연기를 합니다. G1. 학교 끝나고 친구네 집에 무엇을 할지 의논합니다. G2. 이번 장기 자랑에서 무엇을 할지 정한다. S. 연기지만 기분나쁘고 속상했습니다. S2. 술래에게 미안했고 나도 그런 일이 생기면 어쩌나 걱정했습니다.		
마무리	정리 및 확대 적용과 실천 생활화	ㅁ 학습 문제를 확인하고 자신의 도달도 정도 확인하기 T. 가상 공간에서 따돌림을 막기 위한 행동을 실천하려는 마음을 다진 다음 오늘 수업 참여에 대한 자신의 태도를 감정막대 점수 밑에 포스트잇을 붙여 봅시다. ㅁ 나의 공감 점수를 나누기(1~2명 발표) T. ○○는 왜 100점이라고 생각하나요?	■ 자신의 토론 태도 평가하기 S. 포스트잇에 자신의 이름을 써서 자기가 생각하는 점수 밑에 붙인다. S1. 오늘 수업에 참여를 잘 했으며 근거를 들어 나의 의견을 잘 말했고 친구의 의견에 공감을 잘 했기 때문입니다.	공감능력 공정	자 포스트잇 유 학습 문제와 연관지어 자기 평가를 할 수 있도록 발문한다.
	칭찬 격려 하기	T. 활동 중 관찰했던 것을 토대로 오늘 학습에 잘 참여한 친구를 칭찬해 봅시다.	S1. 저는 ○○를 칭찬합니다. 왜냐하면 아하 대화법을 잘 사용했기 때문입니다. S2. 저는 ○○을 칭찬합니다. 왜냐하면 제가 말할 때 관심 있게 듣고 감정도 잘 맞춰주었기 때문입니다.	공감능력	
	차시 예고	■ 차시 학습 내용 확인하기 T. 다음은 어떤 화면인가요? 다음 시간에는 악성 댓글과 선한 댓글에 대해 알아보도록 하겠습니다. T. 마침 인사 나누고 수업을 마무리 합시다.	■ 차시 학습 내용 확인하기 S1. 악성 댓글입니다. S. 오늘 즐거웠어?(악수) 정말 즐거웠어?(엄지 악수) 네 덕분이야.(하이파이브)		

3. 평가계획

영역	평가 목표	성취 수준		평가 방법
성취 기준	정보 기기를 올바르게 이용하는 방법을 익히며, 정보 사회에서 네티즌이 지녀야 할 기본예절(네티켓)에 대해 토의할 수 있다.	상	정보 기기의 올바른 사용법을 알고 건전한 생활을 위해 잘 판단하고 실천할 수 있다.	자기 평가 관찰 평가
		중	정보 기기의 올바른 사용법을 알고 건전한 생활을 위해 판단하거나 실천함이 부족하다.	
학습 목표	정보 기기의 올바른 사용법을 알고 건전한 생활을 하기 위해 잘 판단하는 힘을 기른다.	하	정보 기기의 올바른 사용법을 알지 못하고 건전한 생활을 위한 판단이나 실천이 어렵다.	
인성 목표	토론 활동 과정에서 다른 사람의 의견을 존중하고 배려하는 마음을 기를 수 있다.	상	친구가 말할 때 ①끼어들지 않고 ②바른 자세로 들으며 ③적극적으로 감동하며 대화에 참여한다.	상호 평가 관찰 평가
		중	친구가 말할 때 ①끼어들지 않고 ②바른 자세로 들으며 ③감동하는 것 3가지 중에서 2가지 방법으로 대화에 참여한다.	
		하	친구가 말할 때 ①끼어들지 않고 ②바른 자세로 들으며 ③감동하는 것을 사용하지 않고 대화에 참여한다.	

Ⅳ
맺으며

우리가 하는 걱정거리의 40%는 절대 일어나지 않을 사건들에 대한 것이고, 우리가 하는 걱정거리의 30%는 이미 일어난 사건들에 대한 것이고, 우리가 하는 걱정거리의 22%는 사소한 사건들에 대한 것이고, 우리가 하는 걱정거리의 4%는 우리가 바꿀 수 없는 사건들에 대한 것이다. 그리고 우리가 하는 걱정거리의 고작 4%가 우리가 대처할 수 있는 진짜 사건들에 대한 것이라고 한다. 이는 어니 J. 젤린스키가 한 말이다.[13] 하지만 이 순간에도 우리는 사소한 불안에 휩싸여 우리의 마음을 어지럽히고 있다.

내가 바꿀 수 있는 것은 현재의 나 자신이다. 그리고 나 자신을 잘 조절할 수 있다면 이미 그 순간, 나는 내 삶에서 이기고 있는 것이다.[14]

13 교육부, 『도덕과 5학년 교사용지도서』, 2017, p.145.
14 서천석, 『서천석의 마음 읽는 시간』, 2016, p.16.

우리 아이들이 학교에 와서 배움을 목표로 하고 있는데 배움이 일어나지 않는 것은 마음 밑바탕에 깔려 있는 부정적인 감정으로 인한 것이다. 마음이 평안하고 환경이 안전함을 느낄 때 생각이 열리고 창의성이 발휘되며 무한한 상상으로 행복한 수업 속에 빠질 것이다. 교사도 학생들도 현재의 자신을 바꿀 수 있고 조절할 수 있다면 이미 행복한 삶 속으로 들어온 것이다. 자신이나 타인의 감정을 소중히 여기고 바람직하게 표현하는 방법을 배우고 익히며 모델링하여 수업 속의 배움이 자신의 삶과 연결 지어지도록 한다. 자신의 삶을 바라보며 마음을 열고 의견이나 생각을 긍정적으로 가져야 한다.

교사는 학생들의 인간됨을 위해 감정을 바르게 표현하는 많은 경험의 장을 마련하고 행복한 추억을 쌓아가도록 해야 한다. 부모나 교사는 학생들의 역할 모델로서 충분히 긍정적인 감정 표현과 만족한 삶을 살아야 한다. 모두가 추구하는 공동선(善)을 위해 교사는 바람직한 갈등해결의 본(本)을 보여주고 아이들이 몸으로 배우고 익힐 수 있도록 해야 한다.

인간으로 태어나 인간됨을 걱정해야 하는 시대에 살고 있는 우리들이다. 태어나 처음으로 부모를 만나 감정을 교감하고 사랑받는 존재로 자라나는 아이들이 모두 축복 속에 자라나길 바란다. 또한 존중 받는 인간으로 교육 받고 배우며 바른 인성을 지닌 어른으로 자라나서 행복한 삶을 영위하길 바란다.

참고문헌

김주환, 『회복탄력성』, ㈜위즈덤하우스, 2014
야누슈 코르착, 『야누슈 코르착의 아이들』, 양철북, 2014
조선미 외 3인, 『마음의 힘을 기르는 감성수업』, 도서출판 살림터, 2016
추병완, 『도덕교육 탐구』, 한국문화사, 2017
추병완, 『회복탄력성』, 학지사, 2017
함규정, 『함규정선생님의 아주 친절한 감정수업』, 글담어린이, 2014
서천석, 『서천석의 마음 읽는 시간』, 김영사, 2016
교육부, 『행복한 교육』 10월호, 2017
교육부, 강원도교육청, 『2015 인성교육 사범학교 일반화 자료집』, 교육부, 2015
교육부, 『도덕과 5학년 교사용지도서』, 교육부, 2017, p145

04

자존감 향상을 통한
행복한 교실 만들기

박영미

자존감 향상을 통한 행복한 교실 만들기

박영미

I
서론

    자존감은 타인의 평가와 상관없이 자신은 사랑 받을 가치가 있고 가치로운 존재라고 생각하는 것이다. 작가 앤드류 매튜스도 우리는 존재 이유만으로도 사랑과 존중 받을 자격이 있다고 말했다. 자존감이 높은 사람은 편안하고 안정되어 있으며 누가 말하지 않아도 자신의 일을 스스로 해결하며 지금 하고 있는 일에 대한 책임감도 강하다. 일에 대한 열정을 갖고 도전한다. 자신의 판단을 중요하게 여기고 유머 감각도 있다. 어려움을 겪을 때 덜 우울하고 금방 극복할 수 있어 쉽게 행복감을 되찾는다. 반면에 자존감이 낮은 사람은 자신의 약점을 받아들이지 못하여 자기를 낮게 평가한다. 시련이 닥쳤을 땐 주변과 자신을 탓하며 쉽게 극복하지 못한다.

    우리나라 사람들의 자존감은 높은 편일까? 20대를 대상으로 조사해 보았더니 자존감이 높은 사람이 23%이고 보통 이하가 75%로 대체로 자존감 지수가 낮은 편이다. 자존감은 원래 갖고 태어나는데 경쟁사회에서 실패, 경쟁으로 인해 불안으로 오염되고 위태로워진다고 한다.

    미국 하버드 대학 조세핀 킴 교수는 "자존감은 인생을 살아가는 데 꼭 필요한 핵심요소 중 하나다."라고 했고, "자존감은 학업뿐만 아니라 삶의 거의 모든 영역에 영향을 준다."라고 강조한 것처럼 자존감은 학생에게도 중요한 키워드이다. 세계적인 교육학자 '루돌프 드라이커스'도 문제를 일으키는 아동들의 원인은 자존감의 부족이라고 했다. 요즘 아이들은 물질적으로는 풍요롭게 잘 자라고 있지만 정신적 또는 심리적으로는 허약하기 짝이 없다. 어릴 때부터 자존감을 키워온 아이들은 어떤 어려운 상황에서도 잘 극복하여 성공으로 나아갈 수 있다. 지금

이 시점에서 우리 아이들에게 꼭 필요한 것은 자존감을 키우는 일이다.

따라서 자존감을 향상시키는 실제적인 방안을 찾고 적용해 봄으로써 생활교육에 어려움을 겪고 있는 선생님들께 도움을 주고자 하며, 우리 학생들의 자존감을 북돋아 행복하고 즐거운 학교문화를 만드는 데 그 목적이 있다.

Ⅱ 자존감 향상 프로그램 개요

이 프로그램은 학생 스스로 자신에 대한 이해를 높이고 감정을 다스리는 방법을 구안하였다. 타인을 존중하기 위한 다양한 활동을 제시하고자 하였으며 학교폭력과 관련된 문제 상황을 제시하여 해결 방법을 간접적으로 체험하는 기회를 제공하는 데 초점을 두었다.

〈프로그램 구성 및 활동〉

단 계	활 동 명
자기를 이해하고 사랑하기	1) 자신의 성격 강점 찾아보기 2) 자신의 단점을 강점으로 바꾸기 3) 가치 월드컵
감정 다루기	4) 감정을 적절하게 표현하기 5) 판단과 사실에 대하여 알아보기
의사소통 배우기	6) 사과하기 7) 칭찬하기 8) 경청하기
서로 사랑하며 지내기	9) 투명친구 얼굴 그리기 10) 가족에 대한 관점 바꾸기 11) 감사계좌 저금하기
문제 해결하기	12) 문제 해결 단계 배우기

Ⅲ
자존감 향상 프로그램 내용

1 자신의 성격 강점 찾기

활동목표: 자신의 성격 강점을 찾을 수 있다.
준 비 물: 활동지, 마이크

[활동 1] 도입하기

▸ 자기 자신을 왜 소중히 느껴야 하는지 이야기를 해 본다.
　: 학업에 대한 자신감이 생긴다, 친구들과 사이좋게 지낼 수 있다 등의 학력 성장과 사회적 성장을 높일 수 있는 측면에 긍정적인 영향을 끼칠 수 있는 이야기를 서로 해 볼 수 있도록 한다.
▸ 자신의 성격 중에 좋은 점을 이야기해 본다.

[활동 2] 성격 강점 찾기

▸ 자신의 성격 강점을 있는 대로 찾고 짝이랑 이야기 나누기

창의성, 호기심, 학구열,

개방성, 통찰, 사랑, 친절, 사회성,

용감함, 끈기, 진정성, 활력,

관대함, 겸손, 신중함, 자기조절,

책임감, 공정성, 리더십,

감상력, 감사, 낙관력, 유머감각, 영성

[활동 3] 적용하기

▸ 몸으로 알아맞히기
　– 한 모둠을 선택 후, 반 전체가 "나의 장점"이라고 외치면 모둠원들이 동시에 자신의 장점을 몸으로 표현한다.

❷ 자신의 단점을 장점으로 바꾸기

활동목표: 자신의 단점을 장점으로 승화시킬 수 있다.
준 비 물: 도화지, 사인펜 등

[활동 1] 도입하기

· 자신의 성격 중에 좋은 점을 짝이랑 이야기해 본다.
· 자기의 성격 중에 단점을 짝이랑 이야기를 해 본다.

[활동 2] 단점 손바닥 뒤집기

· 8절 색도화지에 자기 손바닥을 대고 손가락 선에 따라 펜으로 그린다.
  시간이 남으면 손톱을 자기만의 캐릭터로 꾸미게 하면 좋다.
· 왼손의 손가락마다 5개의 단점을 쓴다.
· 단점을 번개발표로 하고, 이것을 장점으로 승화시키는 방법을 알려준다.
  예) *선택장애 – 신중하다. *운동을 못한다. – 그림은 잘 그린다.
      *키가 작다. – 아담하다, 머리를 덜 부딪힌다 등
· 자신의 단점이 생각나지 않는 친구는 돌아다니면서 자신의 단점을 친구들
  에게 물어서 쓴다.

[활동 3] 적용하기

· 손바닥 뒤집기 수업을 통해 느낀 점, 알게 된 사실을 서로 이야기한다.

❸ 가치 월드컵

활동목표: 자신이 현재 추구하는 가치를 알고 자신을 이해할 수 있다.
준 비 물: 학습지

[활동 1] 도입하기

‣ 가치란 무엇인가?
‣ 자신이 중요하게 생각하는 가치에 대하여 이야기 나누기

[활동 2] 가치 월드컵하기

‣ 맨 아래 좁은 칸에 숫자를 1~32까지 무작위로 쓴다.
‣ 1~32에 해당하는 가치를 알려주고 받아 적는다.
‣ 둘씩 경쟁해서 끝까지 가는 가치가 현재 자신이 가장 중요시하는 가치임
  을 안다.
‣ 자신이 현재 추구하고 있는 가치에 대하여 짝 또는 모둠원들과 이야기를
  나눈다.

[활동 3] 적용하기

‣ 가치 월드컵 수업을 통해 알게 된 사실과 느낀 점에 대하여 이야기 나눈다.

1. 행복한 우리 집	11. 노력(성실)	22. 친구와의 놀이
2. 정직	12. 돈(재산)	23. 컴퓨터 게임
3. 존경 받는 사람	13. 건강과 장수	24. 운동 잘하는 사람
4. 자유 시간	14. 용기	25. 책임감
5. 머리 좋은 천재	15. 친절	26. 착한 사람
6. 큰 꿈과 희망	16. 결단력	27. 남보다 뛰어나기
7. 배려심	17. 자신감	28. 리더쉽(이끄는 사람)
8. 이쁜(멋진) 외모	18. 다른 사람의 인정	30. 성적(공부)
9. 아름다운 사랑	19. 부모님의 기대	31. 멋진(이쁜) 이성친구
10. 친구와의 우정	20. 좋은 직업	32. 선생님의 칭찬
	21. 혼자만의 시간	

가치 월드컵

가치 월드컵 학습지

❹ 감정 조절 방법 익히기

활동목표: 다른 사람에게 상처를 주지 않고, 타인과의 갈등을 해결할 수 있다.

준 비 물: 학습지

[활동 1] 도입하기

▸ 다른 사람이 화가 났을 때 자신의 기분이 어떠했는지 경험을 이야기해 본다.
▸ 다른 사람을 상처주지 않고 갈등을 해결한 경험에 대해서 이야기를 나눠 본다.

[활동 2] 생각하기

▸ 다음 읽기 자료를 학생들에게 제시한다.

> 영희와 철수는 점심을 먹기 위하여 줄을 섰습니다. 철수는 영희에게 화를 내며 말했습니다. "네가 내 신발을 밟았지?" 철수가 말했습니다. "그래, 하지만 일부러 그런 것은 아니야."라며 영희가 말했습니다. 하지만 급식소에서도 똑같은 일이 벌어졌습니다. 이번에는 철수가 정말로 화가 나서 영희를 보며 말했습니다. "영희! 그만하라니까!" 큰 소리가 급식소에 퍼졌습니다.

‣ 다음의 질문을 통해 서로의 생각을 나눠 보도록 한다.
: 질문 – 철수가 영희에게 화가 난 이유는 무엇인가요?
: 질문 – 철수는 화가 나서 어떻게 했나요?

[활동 3] 감정 조절 방법 알아보기

‣ 문제행동에 대한 대안적인 방법을 브레인스토밍한다.
‣ 최선의 대안적인 행동을 선택한다.(사실 – 감정 – 부탁)
‣ 자신을 자제하는 행동을 연습한다.

[활동 4] 적용하기

문제상황 제시: 급식소에 가기 위해 줄을 서는데 누가 끼어들었을 때 등
‣ 대안적인 행동을 사용하여 상황을 재현하고 해결해 본다.
‣ 올바른 행동에 대해 강화하고 부적절한 행동은 수정한 후 다시 시연해
본다.

5 판단과 사실을 구별하기

활동목표: 행동과 판단의 차이점을 알아보고, 행동으로 표현하는 것이 왜 중
요한지 이해한다.

[활동 1] 도입하기

‣ 자신의 기분을 상하게 하는 친구의 행동을 자유롭게 말하기
‣ 교사는 학생들이 말한 것을 행동과 판단으로 나누어 기록한다.
‣ 두 가지로 분류한 기준에 대하여 이야기를 나눈다.
‣ 행동과 판단의 의미와 특징에 대하여 설명해 준다.(판단에 자주 등장하는
단어는 맨날, 또, 항상 등)

[활동 2] 행동을 말하기

‣ 다음 상황을 읽어준다.

친구가 5분 늦게 등교를 해서 나는 이렇게 말했다.
"넌 맨날 늦냐?"

· 다음의 질문을 통해 서로의 생각을 나눠 보도록 한다.
  : 질문 - 상대방에게 어떻게 들릴까요?
· 판단이 아닌 행동의 표현으로 말하기를 연습한다.("오늘 5분 늦었네.")

[활동 3] 적용하기

· 이 수업을 통해 알게 된 사실과 느낀 점에 대하여 이야기를 나눈다.

6 사과하기

활동목표: 자신의 잘못을 알고 사과할 수 있다.

[활동 1] 도입하기

· 사과를 하면 좋은 점에 대해서 이야기를 해 본다.
· 사과를 하면 다른 사람과의 갈등을 피할 수 있음을 알게 한다.

[활동 2] 생각하기

· 다음 상황을 읽어준다.

  영희는 철수에게 새 장난감을 빌려 주었습니다. 철수가 쉬는 시간에 갖고 놀았는지 장난감에 흠집이 생겼습니다.

· 다음의 질문을 통해 서로의 생각을 나눠 보도록 한다.
  : 질문 - 철수가 영희에게 장난감을 되돌려 줄 때 어떻게 행동하고 말해야 할까요?

[활동 3] 사과하기

· 교사는 사과하는 방법에 대해 시범을 보인다.
  ① 내가 잘못했는지를 생각한다.
  ② 잘못했다면 진심으로 사과한다.

[활동 4] 적용하기

· 사과하는 시기와 방법을 다루는 역할놀이를 해 본다.
  : 상황 1 - 영희는 점심시간에 철수의 발을 밟았다.

: 상황 2 - 영희는 책상을 밀다가 철수의 필통을 떨어뜨렸다.

: 상황 3 - 친구와의 약속 시간에 늦었다.

‣ 역할놀이 후에 올바른 행동은 강화하고 부적절한 행동은 확인하고 수정하도록 한다.

7 칭찬 터널 통과하기

활동목표: 칭찬을 통해 다른 사람에 대한 긍정적인 감정을 표현하도록 한다.

[활동 1] 도입하기

‣ 칭찬의 좋은 점을 이야기해 보도록 한다.

‣ 칭찬하는 방법에 대하여 이야기를 나눈다.
  - 진심을 담아 이야기한다.
  - 자연스럽고 진심어린 목소리로 칭찬을 한다.

[활동 2] 칭찬하기

‣ 바구니에서 한 학생의 이름을 뽑고, 그 학생의 개성이나 장점에 대해 브레인스토밍을 한다.

‣ 나머지 학생들은 터널을 만들고 칭찬받을 학생은 안대를 하고 출발 준비를 한다.

‣ 그 학생이 걸어 들어오면 브레인스토밍을 통해 찾아낸 장점과 특성을 말해 준다.

[활동 3] 적용하기

‣ 칭찬 주인공에게 칭찬 터널을 통과한 소감을 물어본다.

‣ 이 활동을 통해 느낀 점에 대하여 이야기를 나눈다.

8 경청하기

활동목표: 잘 듣는다는 것은 어떤 것인지 알아보고, 실습을 통해 경청의 방법을 익힌다.

[활동 1] 딴짓하기

‣ 둘씩 짝지은 다음에 먼저 한 학생이 다른 학생에게 좋아하는 TV프로그램을 설명하게 한다.
‣ 이때 듣는 학생은 일부러 눈을 피하며 마주치지 않는다. 상대방이 말하는 동안에 일어나서 돌아다닌다.
‣ 그때의 느낌을 말해 보게 한다.

[활동 2] 경청하기

‣ 이젠 교사의 지시에 따라 눈을 맞추고 관심이 있다는 몸짓을 하며 말하는 사람을 보며 듣는다.
‣ 이 활동을 통해 느낀 점을 말하게 한다.
‣ 제대로 들으려면 어떻게 하는 것이 좋을까? 브레인라이팅으로 정리한다.

[활동 3] 적용하기

‣ 이 수업을 통해 알게 된 사실과 느낀 점에 대하여 이야기를 나눈다.

❾ 투명친구 얼굴 그리기

활동목표: 친구의 얼굴을 관찰하고 그리면서 서로의 관계를 돈독하게 만들 수 있다.

[활동 1] 도입하기

‣ 친구의 얼굴 마주보고 관찰하기
‣ 친구 웃기게 만들기
‣ 말하지 말고 얼굴 표정으로만 웃기
‣ 마지막에는 눈싸움하기

[활동 2] 투명친구 얼굴 그리기

‣ OHP 필름에 얼굴 윤곽선 그리기
‣ 눈, 코, 입 위치 그려서 완성하기
‣ 포스트잇에 격려할 말 적어서 그림에 붙여주기
 ("널 만난 건 행운이야! 넌 잘할 수 있어!" 등)

‣ 이 활동을 통해 생각했던 점, 알게 된 점, 느낀 점에 대하여 이야기를 나눈다.

⑩ 가족에 대한 관점 바꾸기

활동목표: 가족에 대한 불만을 긍정적으로 바꿀 수 있다.
준 비 물: 포스트잇, 자석칠판

[활동 1] 도입하기

‣ 관점에 대하여 알아본다.
‣ 긍정적 관점의 좋은 점을 알아본다.
‣ 긍정적인 관점의 사례를 알아본다.

[활동 2] 관점 바꾸기

‣ 가족에 대한 불만을 포스트잇에 3가지씩 쓴다.
‣ 모둠끼리 모여 가족에 대한 불만을 말하면서 포스트잇을 내려놓는다.
‣ 같은 것끼리 모은다.
‣ 가족에 대한 불만을 긍정적인 관점으로 바꾼다.
  (예) 우리 어머니는 요리를 못한다. – 그 대신 피자나 치킨을 자주 시켜
      주신다.
      비올 때 우산을 갖다 주지 않으신다. – 해결하는 방법을 찾게 하신다.

[활동 3] 적용하기

‣ 이 활동을 통해 생각했던 점, 알게 된 점, 느낀 점에 대하여 이야기를 나눈다.

⑪ 감사계좌 저금하기

활동목표: 지난 일 년 동안 함께 지냈던 친구들과 고마웠던 마음을 나눌 수
         있다.

준 비 물: 학습지, 모의화폐 10만원

[활동 1] 도입하기

- 지난 일 년 동안 친구에게 고마웠던 일을 떠올린다.
- 브레인스토밍으로 간단하게 기록한다.
- 한 사람당 모의화폐 10만원을 준비한다.
- 기록한 것들을 중요한 순으로 정리하고 가격을 매긴다.(최대 3만원까지)

[활동 2] 감사계좌 저금하기

- 학습지와 돈을 들고 감사한 사람에게 찾아간다.
- 만나면 악수를 하며 인사를 한다.
- 고마운 이유를 말한다.
- 자신이 정한 돈을 준다.
- 친구로부터 받은 내역을 기록한다.
- 친구로부터 받은 돈을 다른 친구에게 줘도 된다.

[활동 3] 적용하기

- 가장 많은 돈을 저금한 학생을 찾아 칭찬한다.
- 이 활동을 통해 생각했던 점, 알게 된 점, 느낀 점에 대하여 이야기를 나눈다.

12 문제 해결하기

활동목표: 문제를 해결하는 데 필요한 단계를 알고 주어진 상황에 적용할 수 있다.
준 비 물: 학습지

[활동 1] 도입하기

- 문제 상황을 제시한다.

  친구 ○○가 내 만화책을 빌려가서 돌려주지 않고 자기 것인 것처럼 다른 친구들에게 빌려준다.

▸ 문제를 해결하지 못하면 어떤 일이 일어날 것인가?

　: 계속 신경이 쓰인다, ○○와 서먹하게 지낸다, ○○와 싸운다 등

▸ 문제 해결 기술이 필요한 이유는 무엇인가?

　: 올바른 결정을 내릴 수 있다, 친구와의 관계가 나빠지지 않는다 등

[활동 2] 문제 해결의 단계

　: 문제 확인 → 문제 해결 방식 상상 → 결과에 대한 상상 → 최선의 해
　　결책 선택 → 실행

▸ 문제 상황을 제시한다.

　친구 ○○가 내 만화책을 빌려가서 돌려주지 않고 자기 것인 것처럼 다른 친구들에게
　빌려준다.

▸ 문제를 해결하는 단계들을 보여준다.

　– 문제 확인: 친구 ○○가 내 만화책을 빌려가서 돌려주지 않고 자기 것
　　인 것처럼 다른 친구들에게 빌려준다.

　– 문제 해결 방식 상상: 솔직하게 내 감정을 말한다, 싸운다, 참는다.

　– 결과에 대한 상상: 싸우면 서로 감정이 상하고, 참는다면 언젠가는 분
　　노가 폭발한다.

　– 최선의 해결책 선택: 친구에게 솔직하게 내 감정을 말한다.

　– 실행: 실제로 실행한다.

[활동 3] 연습하기

▸ 네 명을 한 모둠으로 구성한다.

▸ 각 모둠에게 상황카드를 나누어 준다.

　상황 1. 친구가 내가 좋아하는 물건을 가져가서 잃어버렸다.
　상황 2. 친구가 내가 싫어하는 별명을 자꾸 부른다.
　상황 3. 친구가 내 험담을 하는 것을 보았다.
　상황 4. 친구가 교실에서 뛰고 장난치다가 내 미술작품을 망가뜨렸다.

▸ 문제 해결 단계에 따라 문제를 해결하고 학습지에 적는다.

▸ 문제 해결 과정을 역할극으로 구성한다.

‣ 역할극을 발표한 후, 문제 해결 방법에 대해 서로 이야기한다.

05

학생참여 중심의
하브루타 질문 수업

성연이

학생참여 중심의 하브루타 질문 수업

성연이

I
왜 하브루타인가?

1 질문하지 않는 우리 교육

올해부터 시행되고 있는 2015 개정 교육과정은 창의융합적인 인재 육성을 목표로 자신의 꿈을 설계하고, 미래를 개척하며, 노벨상을 탐내고, 제2의 칸트를 꿈꾸고, 세계적인 아티스트가 되고 싶은 아이를 기르고자 시행되었다고 한다. 과연 우리 교육 시스템으로 가능한 일일까? 실제로 학생들이 수업시간에 가장 많이 듣는 말은 "조용히 해.", "시끄러워.", "질문하지 마.", "집중 좀 해라.", "떠들지 마."와 같은 것이라고 한다. 다시 말해 우리 교육은 질문을 못하는 구조이며, 학생들의 말문을 막는 수업으로 더 이상 밖으로 끌어내는 창의적인 수업을 기대하기 어렵다는 게 전문가들의 의견이다. 하물며 교사인 우리들조차도 연수나 특강을 받을 때 강사에게 질문하는 것이 부담스럽고 낯설며 오히려 시간이 종료될 때쯤 질문을 하노라면 눈치 아닌 눈치를 받기도 한다. 공부 또한 서로 의견을 나누거나 함께 토의·토론하는 하는 것이 아니라 '혼자, 앉아서, 조용히, 오랫동안' 하는 공부였다.

2 질문하는 하브루타[1]

하브루타(havruta)는 "짝을 지어 질문하고 대화하고 토론하고 논쟁하는 것"

---

[1] DR하브루타 교육연구회(양경윤 외), 『하브루타 질문수업』, 경향BP, 2016, pp.20~27.

으로 원어의 하베르는 "짝 또는 파트너"라는 뜻이다. 짝과 함께 이야기를 진지하게 주고받으면 질문과 대답이 되고, 그것은 곧 대화로 이어지며, 나아가 전문성이 더해지면 토론과 논쟁으로 귀결된다. 기본적으로 조용한 것이 아니라 말하는 공부법으로 이는 방송사 실험에서 학습효과가 두 배 정도 있는 것으로 드러났다. 특히 요즘 화두가 되고 있는 학생 배움 중심 수업에서는 배움이 삶과 동떨어진 것이 아니라 삶의 맥락으로 이어짐을 강조하고 있다. 아이들의 자발성과 주도성으로 이루어지는 질문과 대화 수업은 우리 아이들을 스스로 수업에 빠져들게 만들고, 질문을 주고받으며 그 과정 속에서 자신의 생각에 생각을 더해가게 한다. 이에 기초 학습 체력을 기를 수 있고, 기본적으로 짝과 함께 하기 때문에 인성적인 측면에서도 긍정적인 측면이 많다.

하브루타 수업에 대한 궁금증 [2]

가. 떠들고 시끄러운 가운데 공부가 가능할까?

1) 대화, 토론, 논쟁, 질문은 모두 말로 하기 때문에 당연히 시끄럽다. 하지만 이것은 공부에 도움이 되는 백색소음의 한 종류로, 소리를 내면서 합창하며 구구단을 외우는 것과 소리 내고 몸을 흔들며 시끄러운 가운데 천자문을 외우는 것처럼 오히려 뇌가 살아있고 오래가도록 도와준다고 한다.

2) 학생들이 치열하게 말한다면 생각하고 공부하고 있다는 증거다. 이것은 다른 이야기라도 생각하고 있다는 것이며, 이를 통해 친구관계가 좋아지고 소통 능력이 길러지며 스트레스가 해소된다.

나. 하브루타로 진도를 맞출 수 있을까?

교사의 강의식 수업은 90%의 선생님 공부 효과와 5%의 학생 공부 효과로 3일만 지나도 하나도 남지 않을 가능성이 많다. 학생 스스로 미리 공부해 오면 이미 진도를 나간 것으로 볼 수도 있으며, 해당 수업의 핵심 내용만 정리하면 된다. 학생 스스로가 생각, 판단하여 공부한 것은 모두 학생의 것이 되고 이럴수록 진도는 빨라지게 된다.

---

2 한국교육연수원, 질문하고 토론하는 하브루타 교육의 기적 4차시 일부.

다. 하브루타에서 짝은 어떻게 지어줄까?

누가 짝이 되던 친구를 도와준다는 관점에서 접근하도록 하고 짝을 배려하고 짝의 수준을 생각하면서 진행하도록 인성차원에서 지도한다. 비슷한 수준의 짝을 만나면 치열하게 생각하게 되어 더 발전된 생각을 끄집어 낼 수 있다. 짝을 자주 바꿔서 여러 친구를 만나게 하면 다양한 친구들을 만나면서 인간관계를 넓힐 수 있다.

라. 질문에 어느 정도 대답해 주어야 할까?

하브루타의 본질은 학생이 생각한 질문을 학생들끼리 해결하게 하는 것이다. 학생들이 해결하지 못한 질문을 교사가 바로 해결해 주는 것이 아니라 다시 전체 학생에게 질문하거나 다 모르면 함께 대답을 찾아가는 과정이 중요하다.

4 하브루타 수업의 장점

- ☺ 학생이 주인공이 되어 사고를 하고 질문을 함
- ☺ 잠자는 학생이 줄어듦
- ☺ 학생과 교사의 관계가 개선이 됨
- ☺ 학생들의 성적이 전반적으로 향상됨
- ☺ 학습권이 학생들에게 감으로써 학생들 사이에서 배움이 일어나는 것을 볼 수 있음
- ☺ 학급 분위기가 조용한 분위기에서 살아나는 분위기로 바뀜
- ☺ 교우관계가 좋아지고 교사와 학생 간의 신뢰가 높아짐

II
하브루타 수업 전략

1 성공적인 하브루타 수업을 위한 준비

모든 수업이 그렇듯이 교사의 준비 없이 수업에 활용하면 하브루타 수업도 기존의 토의·토론 수업과 차이가 없는 일반적인 수업이 되기 쉽고, 학생들이 이해하기 어렵다. 하브루타의 성공적인 도입을 위해서는 먼저 수업 전체 틀에 대한 소개가 필요하다. 학생들에게 하브루타의 목적과 하브루타 과정에서 지켜야 할

논쟁의 원칙을 소개하고, 질문을 생각하는 법을 가르쳐 준다. 이러한 일련의 하브루타 소개 및 준비 수업이 잘 이루어져야 한 해 동안 교사가 하브루타를 활용할 때 더욱더 효과를 볼 수 있다.

하브루타의 목적	이기는 것이 목표가 아니라 서로 의견이 다르다는 걸 인정하고 생각을 나누어 보기
하브루타 수업 내적동기 일으키기	자료 영상: ① 질문교육의 필요성(오바마 동영상) ② 말하는 공부방 & 조용한 공부방 ③ 학습 효율성 피라미드(친구 설명하기, 가르치기)
하브루타 원칙 (예시)	− 서로 눈을 마주본다. − 상대방의 말을 경청한다.(나와 생각이 다르더라도!) − 각자 자기 생각을 논리적으로 제시한다.(근거 필수) − 서로 검토하고 가장 좋은 아이디어로 합의한다.
질문법 소개	− 단어의 뜻을 묻는 질문 − 문장의 표현에 대하여 묻는 질문 − 느낌에 대한 질문 − 문장을 통해 유추 − 비교하는 질문 − 상대방에게 의견을 묻는 질문 − 상대방에게 적용할 수 있는 질문 − 결론적이고 종합적인 질문 − 가정하여 묻는 질문

<참고: 네이버 지식백과>

3

초등학교 저학년 교실에서는 끊임없이 질문하며 손 들고 대답하는 학생들을 쉽게 찾아 볼 수 있다. 그러던 것이 고학년으로 올라갈수록 입을 다물게 된다. 재밌고 즐거운 환경에서 공부도 잘 되고 질문도 잘할 수 있다. 우선 우리의 교실을 행복하게 다듬어 만들어 보자. 그 첫 단계는 바로 위로와 공감이다. 공부가 힘들고 포기하고 싶어질 때 용기를 주는 교사의 한 마디는 두려움을 떨쳐내고 지금껏 아는 것과 모르는 것을 구분하며 새로운 로드 맵을 짤 수 있도록 도와준다.

나. 질문 교실을 위한 교사의 태도

무엇보다 중요한 것은 교사의 마인드를 바꾸는 것이다. 우리는 어떻게든 정

---

3 아이스크림 원격연수원, 학생중심의 질문이 있는 교실 연수 4차시 일부.

초등교사를 위한 행복한 교실 만들기: 12가지 TIP !

답을 찾으려고 한다. 우리가 그렇게 교육 받았고, 그것이 최선이라고 생각하고 자라왔기 때문이다. 첫째는 정답이 핵심이 아니라 질문이 핵심이라는 것이다. 더 많은 질문을 만들어 내고 질문에 질문으로 답하면서 꼬리에 꼬리를 무는 습관을 가지게 하는 것이다. 두 번째는 적극적 경청이다. 학생들의 이야기에 눈을 맞추고 귀를 기울이고 진심으로 잘 들어 주는 것이 중요하다. 세 번째는 다르게 생각하기이다. "왜?"라는 질문의 시작은 모든 사람들이 당연하다고 생각하는 것을 다르게 볼 줄 아는 능력에서 시작된다. 네 번째로 가장 중요한 것은 꾸준함이다. 아무리 뛰어난 사람도 꾸준함을 이길 수 없다.

다. 질문 만들기

질문은 훈련이다. 학생들이 스스로 질문을 만들 줄 알고 주도권을 가져야 질문이 있는 교실도 활발하게 이루어진다. 그리고 스스로 질문하고 설명하는 것이 나와 상대방 모두에게 유익하다는 것을 깨달아야 한다. 질문 만들기와 주도권 넘기기의 시작은 우선 텍스트를 정확하게 읽는 것부터 시작한다. 다양한 방식의 소리 내어 읽기를 통해 텍스트를 정독한 후 본격적인 질문 만들기를 시작한다. 질문 만들기를 하는 방법에는 다양한 방법이 있지만 가장 많이 통용되는 3단계 만들기 연습이 있다.

담쟁이

도종환

저것은 벽
어쩔 수 없는 벽이라고 우리가 느낄 때
그때
담쟁이는 말없이 그 벽을 오른다
물 한 방울 없고 씨앗 한 톨 살아남을 수 없는
저것은 절망의 벽이라고 말할 때
담쟁이는 서두르지 않고 앞으로 나아간다.
(후략)

1단계: 사실 질문 만들기 (단어의 뜻, 사실을 파악하는 것)	• 담쟁이는 무엇인가요? • 담쟁이는 어디를 넘고 있나요?
2단계: 확장 질문 만들기 (문장의 표현, 느낌, 의견 등을 묻는 것)	• 왜 어쩔 수 없는 벽이라고 했을까요? • 담쟁이는 지금 어떤 기분일까요? • 당신은 평소에 어쩔 수 없는 벽이라고 느낀 적이 없나요?
3단계: 적용 질문 만들기 (생활 적용, 상대방에게 적용)	• 당신이 지금 넘고 싶은 벽은 무엇인가요? • 만약 당신이 벽이라면 담쟁이에게 무슨 말을 하고 싶나요?

Ⅲ 하브루타 수업의 실제

1 질문중심 하브루타 수업모형 [4]

가. 질문 만들기

교과서나 교재를 철저하게 읽고 질문을 만들어 오게 하면 가장 좋지만, 수업 시간에 질문을 만들어도 상관없다. 학생들의 수준이나 학년에 따라 2개부터 20개 이상까지 가능하며, 포스트잇으로 붙이면서 진행할 경우 질문을 포스트잇에 하나씩 따로 적게 하면 수업에 편리하다.

나. 짝 토론

각자 만든 질문으로 둘씩 짝을 지어 질문과 대답, 반박을 주고받으면서 하브루타를 하는 시간이다. 질문과 답변이 어느 정도 마무리 되면 만들어 온 질문 중에서 둘이 합의하여 가장 좋은 질문을 하나 뽑는다. 좋은 질문은 다른 사람이 생각하기에 어렵고, 독특하고, 논쟁이 치열하게 될 수 있으며, 다양하게 상상할 수 있는 질문이다.

다. 모둠 토론

모둠은 4명이 적당하다. 6명인 경우 얼굴을 보며 대화하기가 다소 멀어 분위

---

4 전성수 · 양동일, 『질문하는 공부법 하브루타』, 라이온북스, 2014.

기가 산만해지기 쉽다. 각각 짝 토론을 통해 뽑은 좋은 질문을 가지고 모둠끼리 자유롭게 토론하는 것이다. 돌아가면서 한 질문씩 제시하고 그 질문에 대해 서로 답변, 반박, 재질문을 하면서 자유롭게 토론한다. 토론을 진행하다가 뽑힌 질문 중에서 가장 좋은 질문을 다시 하나 선정한다. 뽑힌 최고의 질문과, 그 질문을 가지고 토론한 내용을 간략하게 요약하고 정리하여 발표를 준비한다.

라. 발표하기

모둠별로 뽑은 최고의 질문과 토론 내용을 한 사람이 발표를 하는 것이다. 각 모둠별로 발표하여 다른 모둠에서 어떤 질문으로 어떤 토론이 오고 갔는지 나누는 시간이다.

마. 쉬우르

학습을 정리하는 단계로 전체 학생과 함께 질문과 토론을 통해 나누는 시간이다. 교사는 주로 설명하기보다는 질문을 해서 학생들의 사고를 자극하고, 학생들에게서 답이 나올 수 있도록 이끌어 준다.

2 질문중심 하브루타 수업과정안

단원	6. 환경, 바른 생각으로 지켜요(2/4)		수업모형	하브루타 학습모형(질문중심)
학습주제	환경문제 바르게 알고 실천하기		인성요소	소통, 공감, 배려, 존중, 협동
학습목표	음식물 쓰레기 환경문제를 알아보고, 바르게 실천할 수 있다.			
수업 전략	교과	1. 개인의 욕심과 환경 보호의 가치가 충돌할 때, 환경 보호의 가치를 선택하도록 유도한다. 2. 매일 발생되는 음식물 쓰레기로 인하여 식량자원이 낭비되고 심각한 환경오염의 주범이 되고 있어 본 차시에서는 음식물 쓰레기 관련 환경문제만 집중적으로 다루도록 한다.		
	하브루타	1. 주어진 갈등 상황이나 동영상을 보고 주제에 맞는 질문을 만들고 서로 토의하는 과정 속에서 학생들 스스로 생각할 수 있는 힘을 기르게 한다. 2. 사회적 기술로 서로 상대방을 바라보고 경청하며 대화하는 자세를 갖도록 한다.		
학습 자료	교사	PPT, 사진자료, "음식물 쓰레기" 동영상, 하브루타 활동지, 모형 마이크		
	학생	필기도구, 색도화지, 네임펜		

학습 단계	학습 요소	교수 · 학습 활동 교사	교수 · 학습 활동 학생	시간 (분)	자료(·) 및 유의점(※)
학습 문제 인식 및 동기 유발	전시학습 동기유발 전체 활동	▣ 경험 발표하기 －녹색 생활을 실천한 경험을 발표해 봅시다. ▣ "우리가 남긴 음식" 사진 들여다보기 －어떤 모습인가요? －우리가 남긴 음식이 어떻게 되는지 다음 사진을 보겠습니다. －내가 남긴 음식은 환경에 어떤 영향을 끼칠까요? ▣학습 문제 확인하기 (음식물 쓰레기) 환경문제를 알아보고, 바르게 실천해 보자. ▣ 학습 활동 안내하기 1. 환경문제 알아보기(개별) 2. 해결 방법 토론하기(짝/모둠) 3. 실천 다짐하기(전체)	－양치할 때 꼭 컵을 사용했어요. －등교할 때 부모님 차 대신 걸어왔어요. －많은 양을 배식 받아 음식물을 남긴 모습입니다. －지구가 음식물 쓰레기로 뒤덮일 것입니다. －물도 오염시켜요.	5 '	·급식, 지구 오염 사진자료 ※학교 급식소 사진 자료를 보여주어, 자기의 경험을 떠올리도록 분위기를 조성한다.
도덕적 문제 사태의 제시 및 분석	환경 문제 상황 제시 환경 보호의 가치와 필요성 개별 활동	▣ 환경문제 알아보기 －동영상 시청하기 －어떤 내용이었나요? ❓ 질문 만들기 하브루타 1 －활동지 1번에 질문을 만든 후 자신의 최고의 질문을 정해봅니다. ▬좋은 질문이란 어떤 것일까요?	－음식물 쓰레기와 환경오염의 내용입니다. 【예시 질문】 *배가 불러도 차려진 음식을 다 먹어야 할까요? *사람들은 왜 음식을 많이 시키고 남길까요? *내가 남긴 음식은 환경오염과 어떤 관계가 있나요? *음식물 쓰레기를 줄이기 위한 방법에는 어떤 것들이 있을까요? *음식물 쓰레기 환경문제를 해결하기 위해서 우리가 실천할 수 있는 방법은 무엇이 있을까요?	10 '	·"음식물 쓰레기" 동영상 ※ 동영상을 보여주기 전에 질문 만들기를 예고하여 집중하도록 한다. ·활동지 1번 ※좋은 질문은 서로의 의견을 나눌 수 있고, 꼬리에 꼬리를 무는 것임을 되짚어 준다.

학습 단계	학습 요소	교수 · 학습 활동		시간 (분)	자료(·) 및 유의점(※)
		교사	학생		
도덕적 정서 및 의지의 강화	짝 활동	■ 해결 방법 토론하기 ❓ 짝 토론 하브루타 2 －2번에 자신의 최고의 질문을 가지고 짝과 이야기하고 알게 되거나 생각한 점을 적어 보세요. －짝과 질문하고 토론한 뒤 더 좋 은 질문을 결정하세요.	－짝과 함께 질문과 대답, 반박을 주고받으며 1개의 질문으로 길 게 말한다. －질문과 답변이 어느 정도 마무리 되면 둘이 합의하여 더 좋은 질 문을 선택한다.	5 '	활동지 2번 ※교사의 신호 에 따라 경청 하는 자세로 마주보고 짝 토론(짝활동) 한다. ☞합의할 때 포스트잇 사용 가능
	환경에 대한 태도 모둠 활동	❓ 최고의 질문 모둠 토의 하 브루타 3 －4명씩 모둠을 구성하고, 1모둠 에서 짝 질문 2개를 모아 모둠 최고의 질문을 뽑아보세요. ■토의할 때 지킬 점은 무엇인가 요?	－모둠 최고의 질문은 2개의 짝 질 문(●) 중 모둠원의 합의하에 1 개를 선택한다. ■4명이 얼굴을 보면서, 자기 의견 에 대한 근거를 대면서, 서로 웃 으며, 경청하면서, 존댓말로 합 니다.	10 '	※모둠원끼리 서로 협동할 수 있도록 모 둠원 번호를 사용하여 역할 분담한다. ☞이끔이, 나눔 이, 지킴이, 기 록이 활용
	전체 활동	－모둠별로 1개의 질문에 대하여 토의하고 8절지에 내용을 정리 하세요. －정리된 모둠은 칠판에 8절지를 붙이도록 합니다.	－모둠 토의 결과를 1명이 기록한 다.		· PPT (토의할 때 지 킬 점) ·8절지, 네임펜
		❓ 의견 발표하기 하브루타 4 －모둠원 1명이 8절지를 붙이고 발표한다. －모둠의 다양한 질문에 대한 다 양한 해결 방법을 발표한다. －오늘 학습 문제를 해결하기 위 해 가장 적절한 질문은 무엇이 라고 생각하나요?	－저희 모둠 최고의 질문은… ( )입니다. 이 질문에 대한 의견으로 첫째, ( ) 둘째, ( ) 라는 의견이 나왔습니다.	5 '	·모형 마이크 ※스스로 질문 을 보고 비교, 분석, 선택하는 과정 속에서 고등 사고력이 길러지며, 어떤 질문이 좋은 질문인지 자연 스럽게 훈련이 될 수 있다.

학습 단계	학습 요소	교수 · 학습 활동		시간 (분)	자료(·) 및 유의점(※)
		교사	학생		
정리 및 확대 적용과 실천 생활화	학습정리 전체 활동	▣ 실천 다짐하기 ❓ 쉬우르 하브루타 5 －내가 좋아하는 것, 많이 먹고 싶은 욕심과 환경보호 중 어느 것이 더 소중할까요? －그러면, 음식쓰레기 환경문제를 해결하는 가장 좋은 방법은 무 엇일까요? －오늘 공부한 것 중에서 새롭게 알게 된 점이나 다짐한 것을 발 표해 봅시다. ▣ 차시 안내 －우리 주변에서 이루어지는 녹 색 생활 및 환경보호를 위한 노력에 대해 알아보겠습니다.	－개인의 욕심보다 환경이 더 중요 합니다. －나의 욕심을 줄이고 먹을 만큼만 받아서 남김없이 먹는 것입니다. －내가 남긴 음식물이 환경을 파괴 하고 지구를 오염시킨다는 것을 알았습니다.	5 '	※음식물 쓰 레기는 더 이 상 어른들만 의 문제가 아 니라 어릴 때 부터 생활습 관 속에서 고 쳐야 함을 인 식하게 하고, 실천 의지를 다진다. ☞같은 생각 공유하기

◆ 평가계획

평가 목표	평가 기준		평가 방법
음식물 쓰레기 환경문제를 제대로 알고, 실천의지를 가질 수 있다.	잘함	음식물 쓰레기 환경문제를 알고 실천 의지를 가지며, 환 경의 중요성을 위한 의사소통에 적극적으로 참여한다.	· 관찰평가 (하브루타 활동) · 활동지
	보통	음식물 쓰레기 환경문제를 알고 실천 의지를 가지며, 환 경의 중요성을 위한 의사소통에 참여한다.	
	노력 요함	음식물 쓰레기 환경문제를 알고 있으며, 환경의 중요성을 위한 의사소통에 소극적으로 참여한다.	

4학년 (   ) 반 (   )

※ 하브루타 1:
"음식물 쓰레기" 동영상 시청 후, 질문을 만들고 최고의 질문을 정해보세요.

순	질문 내용	최고의 질문(○)
1		
2		
3		

※ 하브루타 2:
① 내가 만든 질문으로 짝과 마주보고 앉아서, 이야기를 나누고, 알게 된 점이나 생각한 점을 적어 보세요.

② 짝과 2개의 질문 중에서 더 좋은 질문을 결정하여 ●표시합니다.

※ 하브루타 3:
① 4명이 서로 얼굴을 보고, 2개의 ●표시된 짝 질문을 책상에 올려놓고, 모둠 최고의 질문 1개를 뽑습니다.
② 8절지에 모둠 최고의 질문을 크게 쓰고, 아래 칸에는 서로 토론하여 질문에 대한 의견을 적습니다.(토론은
   다같이, 기록은 1명이)

※ 하브루타 4:
8절지를 칠판에 붙이고, 1명이 발표합니다.

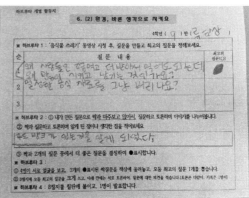

하브루타 1, 2, 3(질문 만들고 짝 활동하기)

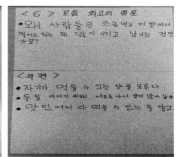

하브루타 4(모둠 최고의 질문)

동영상 장면으로 수업 들여다보기

☞ 위 수업은 질문 만들기(5′)−짝 토론(10′)−모둠 토론(7′)−발표(5′)−쉬우르(3′) 5단계의 질문중심 수업모형을 적용한 것으로, 매 시간마다 진행하기는 사실 어렵다. 특히 저학년의 경우 짝과 나눈 대화 중 좋은 질문을 골라서 모둠 토론으로 가져가는 단계를 어려워하는데, 자신이 만든 질문이 정말 좋다고 생각하여 친구의 질문으로 토론하는 것 자체를 받아들이지 못하는 경우가 있기 때문이라고 한다. 그래서 저학년에서는 전체의 과정을 거치지 않고 질문 만들기 −짝 토론 두 단계를 적용하는 게 더 좋다.

3 짝 바꾸기 하브루타 수업

고정적인 한 명의 짝보다 짝 바꾸기 이동을 하면 다양한 의견을 나눌 수 있어, 실제 수업에 보다 더 재미있게 활용할 수 있다.

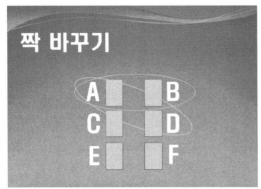

짝 바꾸기 방법은 책상 배치를 바꾸거나, 대열을 만들어 대화하며 짝 만나는 방법, 물레방아 회전 방법 등 여러 가지가 있다.

교과서의 글이나 그림, 관련된 동영상이나 스토리텔링 등 성취기준을 도달하기 위한 다양한 교재를 선택할 수 있다.

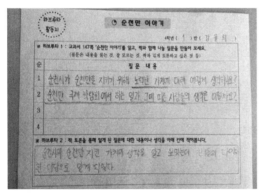

1. 하브루타 활동지에 질문을 만들어보고, 짝과 질문을 주고받으며 토론한다.(이때 되도록이면 활동지를 보지 말고 짝 얼굴을 응시하도록 지도한다.)
2. 하브루타 1만 먼저 작성하고, 짝 바꾸기 토론이 모두 끝나면 하브루타 2를 정리한다.

모둠별 2인 1조 3분단 편성 후, 1번 줄 학생들만 책상을 옆으로 돌려 앉아, 효율적으로 이동하게 하는 방법이다.(이때 교사가 2분 간격으로 타임 벨을 울리는 것도 좋다.)

④ 질문수업 재구성 수업과정안

단원	6. 환경보호, 마음으로 시작해요(3/4)		수업모형	질문수업 재구성
학습주제	환경 보호 사례를 통해 환경보호 마음 다지기		창의인성 요소	경청, 공감, 문제해결력, 의사소통능력
학습목표	순천만의 환경보호 노력을 통해, 환경을 보호하는 마음을 다질 수 있다.			
수업전략	교과	1. '순천만 이야기'에서 환경을 사랑하고 보호하려는 순천시의 노력 및 순천 주민들의 노력에 대해 알아보고, 이러한 노력이 우리의 미래임을 알 수 있게 한다.		

		2. 환경보호를 위해 우리가 가져야 할 자세가 무엇인지 생각해 보고, 환경보호를 위한 마음을 다진다.
	하브 루타	1. 질문과 대화를 통해 학생 스스로 의미를 찾아 부여하면서 배움에 다가갈 수 있도록 한다. 2. 사회적 기술로 서로 상대방을 바라보고 경청하며 대화하는 자세를 갖도록 한다. 3. 짝과 질문 공유하기 → 교사의 이끎질문으로 배움에 다가서기→ 핵심질문으로 학생들의 사고과정이 수렴될 수 있도록 유도하기
학습자료	교사	PPT, 교과서『순천만 이야기』, 하브루타 활동지
	학생	필기도구, 질문지, 네임펜

학습 단계	학습 요소	교수 · 학습 활동		시간 (분)	자료(·) 유의점(※)
		교사	학생		
학습 문제 인식 및 동기 유발	전시 학습 동기 유발 전체 활동	■ 경험 발표하기 -음식물쓰레기를 줄이기 위해 어떻게 노력하였나요? ■ 광고 사진 살펴보기 -다음 광고 사진에는 어떤 마음이 담겨 있을까요? ■ 순천만 사진 살펴보기 -순천만은 어디에 있나요? -처음부터 이렇게 깨끗하고 아름다웠을까요? ■ 학습 문제 확인하기	-먹을 만큼만 덜어 먹어서 남김없이 먹었습니다. -나무 한 그루라도 보호하려는 마음입니다. -전라남도입니다. -아니오, 잘 모르겠습니다.	5′	·브라질 밀림 보호단체의 광고 사진 ·순천만 사진자료 ※자연과 인간이 공존하는 세계 유일의 온전한 습지인 순천만에 관심을 가지도록 지리적인 위치도 함께 설명한다. ※학습의 주체인 학생들 스스로 학습 문제와 활동을 찾아낼 수 있도록 유도한다.
		(순천만)의 환경보호 노력을 통해, 환경 보호하는 마음을 다진다.			
		■학습 활동 안내하기 1.『순천만 이야기』읽기 2. 해결 방법 토론하기 3. 실천 다짐하기			

학습 단계	학습 요소	교수 · 학습 활동		시간 (분)	자료(·) 유의점(※)
		교사	학생		
도덕적 모범의 제시와 관련 내용 파악	환경 보호 사례 전체 활동 환경 보호 노력 개별 활동	■ 『순천만 이야기』 읽기 –남학생, 여학생 번갈아 가며 한 문장씩 읽어 봅니다. ■ 질문 만들기 –『순천만 이야기』 내용에서 활동지 1번에 2~5개의 질문을 만들어 봅니다.	–한 문장씩 번갈아 소리 내어 읽으며 내용에 더욱 집중한다. –내가 모르는 것, 알고 있는 것, 짝과 함께 토의하고 싶은 질문을 만든다.	10′	※ 하브루타에서 강조하는 함께 소리 내어 번갈아 읽기를 함으로써 더욱 내용에 집중할 수 있다. ·활동지 1번 ※ 좋은 질문은 서로의 의견을 나눌 수 있고, 꼬리에 꼬리를 무는 것임을 되짚어 준다.
도덕적 탐구 및 감동 감화	짝 활동	■ 해결 방법 토론하기 –짝과 함께 대화를 통해 생각을 나누고 알게 된 점을 2번에 적어 보세요. ■ 대표 질문지 만들기 –짝과 질문하고 토론한 뒤 대표질문 1개를 결정하여 8절 질문지에 크게 적어 보세요.	–짝과 함께 질문과 대답, 반박을 주고받으며 생각을 나누어 본다. –둘이 의견을 모아 대표질문을 8절지에 크게 옮겨 적는다.	5′ 5′	·활동지 2번 ※ 교사의 신호에 따라 경청하는 자세로 마주 보고 짝 대화를 한다.
도덕적 정서 및 의지의 강화	환경 보호 의 자세 짝 활동	■ 질문 연결하기 –대표 질문지를 칠판에 모두 붙여 보세요. –순천만 사람들은 환경보호를 위해 어떤 노력을 하였나요? (배움 주제에 다가설 수 있는 이끎질문 하나를 선택한다.) –이 질문으로 짝 대화를 나누며 토론해 보세요.	–짝과 만든 대표 질문지를 칠판에 붙이고, 다른 친구들의 질문도 살펴본다. –선생님이 보여 준 이끎질문으로 짝 대화를 나눈다.	10′	·8절지, 네임펜 ※ 칠판에 부착된 다른 친구들의 질문을 확인하고 자신(짝)의 질문과 비교해 볼 수 있도록 한다.

학습 단계	학습 요소	교수 · 학습 활동		시간 (분)	자료(·) 유의점(※)
		교사	학생		
		−토론 결과를 발표해 봅시다.	−내 생각과 내 짝의 생각을 더하여 더욱 좋은 의견을 말해 본다.		※학생들이 제시한 질문을 활용하여 이끎질문 제시하기, 학생들의 질문을 연결하여 제시하기
정리 및 확대 적용과 실천 생활화	학습 정리 전체 활동	▣ 환경보호 마음 다지기 −순천만 이야기를 통해 알게 된 점은 무엇인가요? −환경을 보호하기 위해 내가 더욱 노력해야 할 녹색 생활 한 가지씩을 떠올려 봅니다. −같은 생각 앉기로 실천다짐 의지를 공유해 봅시다. ▣ 차시 안내 −녹색 생활 실천을 위한 환경 신문 만들기를 하겠습니다.	−우리의 노력에 따라 환경오염 문제를 줄일 수 있습니다. −노력하면 인간과 자연이 함께 하는 환경을 만들 수 있습니다. −마음속에 정한 실천 다짐 한 가지를 친구들과 공유한다.	5 '	※ 핵심 질문을 통하여 학습을 정리시킨다. ※오개념, 난개념은 다시 질문으로 이끈다. ※협동학습 '같은 생각 앉기'

◆ 평가 계획

평가 목표		평가 기준	평가 방법
환경보호 사례를 통해 노력의 중요성을 알고, 환경보호 마음을 다질 수 있다.	잘함	환경보호 사례를 통해 노력의 중요성을 알고, 환경보호 마음을 다지는 의사소통에 적극적으로 참여한다.	· 관찰평가 (하브루타 활동) · 개별 활동지 · 8절 질문지
	보통	환경보호 사례를 통해 노력의 중요성을 알고, 환경보호 마음을 다지는 의사소통에 참여한다.	
	노력 요함	환경보호 사례를 통해 노력의 중요성을 알고 있으나, 환경보호 마음을 다지는 의사소통에 소극적이다.	

1. 텍스트 읽거나 동영상 시청하기
2. 질문 만들기: 공책에 2~5개 작성하기
3. 대표 질문을 골라 8절지에 크게 옮겨 적기
4. 짝과 질문 공유하며 생각 나누기 (회전식 짝 대화)
5. 학생의 질문지를 교사가 모은 후
   이끎 질문으로 제시하기

6. 어깨 짝과 대화하기
7. 배움 주제에 근접하는 핵심질문을 전체
   친구들과 대화 나누기
8. 배움의 내면화 (공책에 내 생각 쓰기)
9. 공책을 들고 임의 짝과 만나 생각 정리하기

1. 주제에 벗어난 질문은 이끎 질문으로 연결하기
2. 단위수업 시간에 성취해야 할 학습주제,
   성취기준과 관련이 있도록 핵심질문으로 초점화 하기
3. 학생의 질문에서 수업의 핵심 질문을 선택해도 좋음
4. 학생들이 만들어 낸 퍼즐조각 같은 질문들을 교사가
   서로 연결 지어 제시

질문 만들기

해결 방법
토론하기

대표
질문 만들기

질문
연결하기

이끎 질문으로
짝 토론 시키기

핵심질문으로
마무리

질문수업 재구성 수업 들여다보기

IV
맺음말

하브루타에서 무엇보다 우선하는 것은 관계성이다. 하브루타가 제대로 이루어지려면 먼저 교사와 학생, 학생과 학생, 학생과 교사 사이의 관계가 잘 형성되어야 한다. 그래서 서로 벽이 없는 그런 관계가 되어야 한다.

작년까지 일본은 노벨상을 25개 정도 가져갔는데, 우리는 평화상 외에 노벨상이 아직 없다. 우리 민족이 우수함에도 불구하고 노벨상이 없는 이유가 기초연구에 장기투자를 하지 않는 국가적 시스템과 연구 분야에 대해 서로 질문하고 토론하지 않는 문화에 기인한다는 뉴스를 본 적이 있다. 4차 산업혁명으로 인공지능이 더 이상 가상이 아닌 현실로 급변하는 시대가 왔다. 반복적이고 예측할 수 있고 창의성이 필요 없는 직업은 사라진다고 한다. 시대가 변해도 달라지지 않는 우리의 주입식 암기 교육이 과연 4차 산업혁명이 원하는 인재를 양성할 수 있을까? 아이디어를 만들어 내는 방법이 바로 질문이고 토론이며 질문이 세상을 바꾸기도 한다. 이와 같이 질문·토론·협력 수업의 중심에 하브루타가 있다고 할 수 있다. 무엇보다 친구들과 얘기를 나누며 참여하는 수업이므로 학생들이 즐거워하고 스스로 배움의 중심에 설 수 있어 적극 권장하는 바이다.

참고문헌

DR하브루타 교육연구회(양경윤 외), 『하브루타 질문수업』, 경향BP, 2016
정현모, 『유태인의 공부』, 새앙뿔, 2011
전성수, 『부모라면 유대인처럼 하브루타로 교육하라』, 예담, 2012
전성수·양동일, 『유대인 하브루타 경제교육』, 매경출판, 2014
전성수·양동일, 『질문하는 공부법 하브루타』, 라이온북스, 2014
전성수, 『자녀교육 혁명 하브루타』, 두란노, 2014
EBS, 『EBS 다큐프라임 왜 우리는 대학을 가는가? 5부 말문을 터라』, 2014
KBS, 『KBS 스페셜 유태인 2부작』, 2009
한국교육연수원 원격연수, 『하브루타 교육의 기적』, 2016

06

마음이 열리는 상담

변서영

마음이 열리는 상담

변서영

I
마음이 아픈 아이들, 선생님

　　대니얼 골먼(Daniel Goldman)은 그의 책 『EQ감성지능』에서 부모와 교사들이 실시한 대규모 조사 자료를 통해, 전 세계적으로 요즘 아이들이 지난 세대의 아이들보다 훨씬 더 감성적인 장애에 처해 있다고 말한다.

　　그들은 과거의 아이들보다 더욱 외롭고, 우울하며, 분노에 차 있고, 제멋대로고, 신경질적이고, 불안에 휩싸여 있고, 충동적이고, 공격적이다.[1]

　　학교와 사회에서 더 많은 지식을 머릿속에 넣어 경쟁에서 이기는 것이 최고의 가치처럼 여겨지는 동안, 학생들이 자신의 마음을 바라보고 내면을 성찰할 수 있는 시간은 너무나도 적었다고 생각한다.

　　마음을 공감 받지 못한 채 끝없는 경쟁과 소외 속에서 지친 학생들은 여러 가지 문제 행동들을 일으키며, 마음이 아픈 학생들을 수업에서 매일 대하는 교사 또한 힘들기는 마찬가지다. 학생들을 위해 최선을 다해 지도하려고 애쓰지만, 감정의 홍수 속에 빠진 학생들을 맞닥뜨리면 교사 역시 많은 상처와 좌절감에 마음의 문을 닫아버리게 되는 경우도 많다.

　　사람들은 누구나 행복해지고 싶듯이 우리 교사들도 행복한 교사가 되기를 원한다. 그런데, 지금 학교 현장은 교사가 행복하기가 쉽지 않은 것이 현실이다. 교과지도와 업무로 인한 어려움도 물론 있지만 많은 교사가 학생들의 문제행동과 학부모로부터 받는 스트레스로 인해 힘들어하고 좌절하는 경우가 많이 있다.

---

1 대니얼 골먼, 『감성지능』, 웅진지식하우스, 2016, p.36.

그래서 교사 자신이 행복해지려면 교사라는 역할에 요구되어지는 많은 관계들 속에서 중심을 잡고 원만하게 의사소통하고 조율하는 능력이 필요하다. 학급 속에서 학생들과 따뜻하게 소통하는 힘을 기르면 감정적인 소모를 줄이고 좀 더 행복하게 학교생활을 해 나갈 수 있을 것이다. 그리고 이러한 의사소통 기술을 익히는 것은 하루아침에 되는 것이 아니므로 꾸준한 실습과 훈련을 통해 몸에 익히는 것이 필요할 것이다.

상담이 잘 이루어지려면 학생들이 처한 상황이나 마음을 잘 헤아리는 것이 중요하다. 그런데, 학생들이 입을 닫고 좀처럼 자신의 마음을 이야기하지 않을 때 교사는 답답하고 막막함을 느끼게 된다.

무슨 일이 있었냐고, 왜 그랬냐고, 선생님이 알아야지 너를 도와줄 수 있다고 말해도 묵묵부답인 학생도 있고, 말을 한다 해도 지극히 형식적이고 짧은 말 속에서 그 학생의 진짜 속마음을 헤아리기는 어렵다.

이럴 때 자연스럽게 학생들의 마음에 다가갈 수 있는 도구가 '감정카드'이다.

학계에서 발표된 논문을 살펴보면 감정의 종류가 많게는 800여 개에서 350여 개가 된다고 한다.[2] 학생들에게 감정의 종류가 이렇게 많다는 것을 알려주면 매우 놀란다. 나 역시 이렇게 많은 감정이 있는지 몰랐던 것이 사실이다. 학생들은 자신의 감정을 '좋다, 나쁘다, 짜증난다' 등의 몇 가지 감정으로밖에 표현하지 못하지만, 사실 그 안에는 다양한 감정들이 있는 것이다.

또한, 자신이 느끼는 여러 가지 감정이 정확히 어떤 감정인지 표현하기기 어려울 때도 있는데 아직 나이가 어린 학생들은 더욱 그러할 것이다. 감정카드를 활용하면 다양한 감정의 종류를 알게 되고 자신의 감정에 대해 잘 이해할 수 있게 된다.

감정카드는 다양한 종류가 있는데, 한국감성수업연구회에서 개발한 감정카드는 접이식으로 되어 있어 사용이 편리하다.

2 조선미 외 3인, 『마음의 힘을 기르는 감성수업』, 살림터, 2016, p.59.

감정카드[3]

☐ 감정카드로 다양한 감정 이해하기

〈나는 얼마나 많은 감정을 알고 있을까?〉

- 종이에 내가 알고 있는 감정 적어 보기(기분이 좋을 때, 기분이 좋지 않을 때)
- 한 사람씩 돌아가며 자신이 적은 감정을 부르면 다른 사람들은 같은 감정을 동그라미하고, 친구들이 부르지 않은 감정을 말한다.
- 감정카드를 살펴보며 다양한 감정의 이름 알기
- 감정카드를 살펴보며 잘 이해되지 않는 감정 찾기
- 친구들과 함께 그 감정이 어울리는 상황 찾아보며 이해하기

☐ 감정카드로 나와 친구의 마음 이해하고 공감하기

1) 감정카드를 보며 최근 자신의 마음과 가장 비슷한 카드 1~3장 고르기
2) 자신이 그 감정을 고른 까닭 적기
3) 모둠별로(4명 정도) 모여 공감하기
   한 사람씩 돌아가며 자신이 고른 카드를 들고 그 카드를 고른 까닭을 이야기하며 서로의 마음 공감하기
4) 모둠별로 공감한 후 전체 친구들과 함께 공감하기

3 C-2015-016558, 편집저작물, 마음을 열어주는 감정놀이 카드, 조선미.

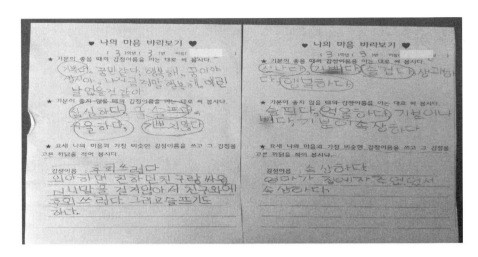

〈친구들과 감정을 서로 공감하면〉

- 자신의 마음과 가장 비슷한 카드를 고르는 활동을 통해, 자연스럽게 자신의 생활을 돌아보고 성찰하는 시간을 가지게 된다.
- 자신의 감정을 다른 친구들로부터 인정 받고 공감 받게 되어 말하는 사람의 마음도 편안하게 된다.
- 자신과 비슷한 감정을 느끼는 친구들의 이야기를 듣고 자신이 가지고 있는 고민이 자신만의 문제가 아님을 깨달을 수 있다.
- 친구들의 이야기를 들으며 친구들이 느끼는 다양한 감정을 이해하는 기회를 준다.
- 친구들과 마음을 나누는 활동을 통해 서로 이해하고 배려하며 친하게 만들어 준다.

❸ 감정카드로 상담하기

학생들이 고른 감정카드와 활동지 내용을 살펴보며 수업 중에 함께 공감해 주고, 상담이 필요한 학생들은 따로 시간을 내어 학생의 상황과 마음을 살펴보는 시간을 가진다.

또한, 학생들이 서로 다투거나 문제 행동을 일으켜서 상담이 필요할 때 학생들의 말문을 열기가 쉽지 않은 경우가 있다. 또는 학생들이 많이 흥분해서 무슨 말을 하는지 알아듣기 어려울 때도 많다.

그럴 때 학생들에게 지금 자신의 마음과 가장 비슷한 감정카드를 몇 장 고르게 하고, 그 카드를 고른 까닭을 쓰도록 한다.

학생들은 자신의 감정을 나타내는 카드를 고르기 위해 여러 가지 감정을 살펴보는 과정을 통해 자신의 감정을 잘 이해하게 되고 흥분도 가라앉힐 수 있게 된다.

서로 다툼이 있었던 경우라면 서로가 쓴 내용을 바꿔 읽어보면서 미처 몰랐던 상대방의 마음도 이해할 수 있게 된다.

또한, 상담을 하려고 해도 아무런 말을 하지 않아서 안타까운 학생들에게도 효과적이다. 어떠한 문제 상황이 있을 때 자신의 솔직한 속마음을 말로 표현한다는 것은 사실 쉽지 않은 일이고, 성격이 소극적인 학생이라면 더욱 그렇다.

그럴 때 말을 하라고 채근하면 학생은 더 움츠러들게 된다. 학생 역시 자신이 처한 상황을 어떻게 받아들여야 할지 잘 모르고, 자신이 느끼는 혼란스러운 감정을 처리하기가 어려워 힘든 상태이기 때문이다.

그런 학생들에게 감정카드를 활용해 자신의 마음을 살펴보며 감정을 고르도록 하고, 그것을 바탕으로 이야기를 자연스럽게 풀어 가면 학생도 교사도 덜 힘들면서도 훨씬 효과적인 상담을 할 수 있다.

III
바람카드로 마음의 힘 키우기

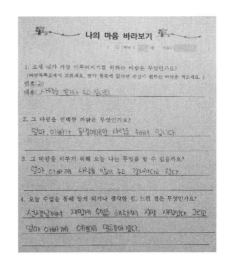

감정카드를 활용하여 학생들의 마음의 문을 연 후에, 바람카드를 함께 활용하면 학생들이 자신이 처한 상황에서 스스로 긍정적으로 문제를 해결하기 위해 계획하는 것을 도울 수 있다.

자칫하면 부정적인 감정에 계속 머무를 수 있는 학생들에게 바람카드를 제시하여 긍정적인 계획을 세우고 실천하도록 격려함으로써, 희망을 가지고 자신의 힘으로 문제를 해결해나가는 힘을 기르도록 돕는다.

초등상담나무(cafe.daum.net/counseling-tree)에서 개발한 바람카드는 모두 59개의 바람이 있다. 그런데 59개의 바람카드를 책상에 모두 펼쳐놓고 사용하기에는 불편하여 나는 59개의 바람목록을 하나의 표로 만든 '바람목록표'를 만들어 활용하였다.

또한, 초등학교 학생들이 한눈에 파악하기에는 59개의 바람이 너무 많다고 생각되어 초등학생들의 눈높이에 맞추어 30개로 줄여서 사용하고 있다.

1	몸, 마음이 건강하고 편안하고 싶나요?	17	주변에 좋은 영향을 끼치고 싶나요?
2	마음을 이해받고 싶나요?	18	어떤 일이 일어날지 미리 알고 싶나요?
3	공평하게 대하거나 대해주기를 바라나요?	19	풍족하기를 원하나요?
4	상황이 잘 풀리기를 기대하나요?	20	생각, 감정을 표현할 수 있으면 좋겠나요?
5	꿈을 이루기를 바라나요?	21	할 수 있다는 자신감이 필요하나요?
6	도움을 받거나 주고 싶나요?	22	자유롭게 행동하고 싶나요?
7	새로운 도전이나 색다른 것을 하고 싶나요?	23	능숙하게 잘 했으면 좋겠나요?
8	돋보이고 싶나요?	24	다른 사람들에게 필요한 사람이 되고 싶나요?
9	목표를 이루고 싶나요?	25	존중 받고 싶나요?
10	믿고 의지하고 싶나요?	26	즐거움을 원하나요?
11	보람, 만족을 느끼고 싶나요?	27	거짓없이 진실되길 바라나요?
12	봉사하고 싶나요?	28	규칙이나 원칙이 세워졌으면 싶나요?
13	사랑을 받거나 주고 싶나요?	29	사이좋게 지내길 원하나요?
14	지금보다 나은 모습이 되고 싶나요?	30	휴식이나 잠이 필요한가요?
15	멋있고 아름다워지기를 원하나요?		
16	마음껏 울고 싶나요?		

평소 욕설과 거친 말을 자주 사용하고 반항적인 태도를 보여 걱정하고 있던 3학년 ○○가 있었다. 그날은 나에게도 거친 말을 하여 감정카드와 바람목록표를 활용해서 상담을 하였다. 먼저 나 자신의 감정을 표현하였다. ○○가 선생님에게 그런 말을 해서 선생님 마음은 슬프고 속상하고 화가 난다고 차분히 말하였다.

○○도 자신이 한 일이 슬프고 후회스럽다고 하면서 가장 이루어지기를 원하는 바람으로 "지금보다 나은 모습으로 되고 싶습니다."를 적었다. 그것을 고른 까닭은 "더 의젓해지고 착하고 다른 사람을 도와주는 사람이 되고 싶어서입니다." 라면서, 자기도 나쁜 말버릇을 고치고 싶은데 고치려 해도 잘 고쳐지지 않는다고 하였다. ○○의 평범하지 않은 가정 사정이 떠오르면서 ○○의 아픔이 나의 마음에 전해지는 것 같았다.

---

[4] 초등상담나무(cafe.daum.net/counseling-tree)에서 개발한 바람카드는 원래 60장으로 구성되었다. 하지만 나는 초등학생 눈높이에 맞추어 30개로 줄여 하나의 표로 만들어서 사용하고 있다.

"그래, ○○아. 네 마음 속에 이렇게 훌륭한 마음이 있어. 너는 훌륭한 사람이야. 욕하고 나쁜 말을 하는 건 너에게 어울리지 않아."

○○의 손을 잡고 말하며 나의 마음을 전하고 그 바람을 이루기 위해 ○○가 할 수 있는 일을 계획해 보도록 하였다. ○○는 '선생님들께 예의바르게 행동하고, 친구들에게 옳지 않은 행동을 하지 않고, 말할 때 1번만 더 생각하고 말하기'를 계획하였다.

○○는 자기도 나쁜 말을 안 하고 싶어서 밤에 잠자기 전에 나쁜 말 안하게 해 달라고 기도하는데 잘 안된다고 하였다. 그래서 아침저녁으로 외울 수 있는 문장을 함께 의논하여 만들었다.

○○는 훌륭한 사람입니다.

○○는 고운 말을 씁니다.

○○는 다른 사람들을 도와줍니다.

그리고 이 세 문장과 함께 예쁘게 꽃 그림을 넣어서 출력하여 코팅하여 ○○에게 주고, 아침에 눈 떴을 때와 밤에 잠자기 전에 꼭 소리 내어 외우도록 하였다.

그리고 수업이 끝나면 ○○를 살짝 불러서 손을 잡고 함께 세 문장을 다시 천천히 또박또박 외우고 격려해 주었다.

그러던 어느 날 ○○의 담임 선생님을 만났는데 "요새 ○○가 나쁜 말을 거의 쓰지 않아요. 예전에는 친구들이 ○○가 나쁜 말을 했다고 여기저기에서 많이 이야기 했었는데 요새는 그런 소리가 들리지 않아요."라면서 고마워하셨다.

창의적 체험활동 교수 · 학습 과정안

교과	창의적 체험활동	수업대상	1학년~6학년	수업자	변서영
학습주제	친구가 느끼는 감정을 알고 공감하기				
학습목표	친구의 상황을 이해하면서, 친구의 감정을 알고 공감하는 말을 할 수 있다.				
학습자료	감정카드, 필기도구				

단계	교수 · 학습 활동	시간	◇ 학습자료 및 ☆유의점

도입	▣ 인사 나누기
	  – 감정카드로 자신의 지금 기분을 친구와 이야기 나누기
	▣ 동기유발
	  – '공감'에 대한 간단한 역할극 함께 하기
	▣ 학습 문제 확인
	
	  공감이 무엇인지 알고, 친구의 마음을 이해하며 공감해 봅시다.
		6′	☆ 학생들의 감정 상태를 확인한다.
			◇ 감정카드
			◇ 역할극 대본

전개	▣ 학습 안내 및 주의점 설명
	  (활동 1) 공감이란 무엇일까요?
	  – 공감의 의미와 공감의 중요성 알기
	  (활동 2) 친구들아, 내 마음을 알아줘
	  – 감정카드를 이용하여 친구들 마음 공감하기
	
	▣ (활동 1) 공감이란 무엇일까요?
	  – 공감이란?
	   다른 사람의 아픔, 슬픔, 기쁨 등의 감정을 이해하고 함께 느끼는 것이다.
	  – 왜 공감해야 할까요?
	▣ (활동 2) 친구들아, 내 마음을 알아줘
	<감정카드를 활용한 공감활동>
	  – 감정카드를 보며 요새 자신의 마음과 가장 비슷한 카드를 1~3장 골라 책상 위에 놓는다.
	  – 자신이 고른 감정이름과 그 감정카드를 고른 까닭을 활동지에 적는다.
	  – 모둠별로 모여서 자신이 고른 감정카드를 친구들에게 보여주며 자신이 그 감정카드를 고른 까닭을 이야기한다.
	  – 친구가 이야기할 때 다른 친구들은 경청하며 공감의 말과 몸짓을 한다. (아하! 대화법)
	  – 모둠끼리 이야기 나누기가 끝나면 몇몇 학생을 나오게 하여 학급 전체를 대상으로 이야기하고 공감받을 수 있도록 한다.
		3′
		
		5′
		
		20′
			◇ '아하 대화법'을 통해 들을 때와 말할 때의 예절을 확인시킨다.
			☆ 학생들이 모둠에서 친구들과 함께 생각하며 발표하도록 한다.
			◇ 감정카드
			◇ 활동지
			☆ 활동하는 방법을 자세하게 안내해 준다.
			☆ 진지하게 활동하도록 유도하며, 친구가 발표할 때는 공감의 눈빛과 몸짓을 하도록 한다.(아하! 대화법)
			☆ 교사는 순회하며 학생들이 서로 공감하며 감정을 이야기 나누는 모습을 확인한다.

정리	▣ 소감 나누기
	  – 친구들이 나의 감정을 함께 공감해 줄 때 어떤 생각과 느낌이 들었는지 이야기하기
	  – 오늘 수업을 하면서 배운 점, 생각과 느낌을 공책에 간단하게 쓴 후 발표하기
	  – 마무리 인사
		6′	☆ 도미노 박수를 치며 발표한다.

교 과	창의적 체험활동	수업대상	3학년~6학년	수업자	변서영
학습주제	친구가 느끼는 바람을 알고 공감하기				
학습목표	친구가 느끼는 바람을 알고 공감할 수 있다.				
학습자료	감정카드, 노래 파일, 가치카드, 바람목록표, 활동지				

단계	교수·학습 활동	◇ 학습자료 및 ☆유의점
도입 (7´)	▣ 마음 열기 – 지금 자신의 마음을 감정카드로 표현해 보기 ▣ 학습 문제 확인 　친구가 느끼는 바람을 알고 공감해 봅시다. ▣ 활동 안내 (활동 1) 바람 목록 살펴보기 (활동 2) 나의 바람 생각하기 (활동 3) 나의 바람을 친구와 나누기	◇ 감정카드 ☆ 교사도 자신의 감정을 솔직하게 표현한 후, 학생들의 감정상태를 확인한다. ☆ 편안하고 허용적인 분위기를 조성한다.
전개 (25´)	▣ 수업시간에 필요한 가치 찾기 – 오늘 수업을 하는 동안 필요한 가치(보석)를 함께 찾아 본다. 　(칠판에 부착된 가치카드를 보며 함께 찾는다.) ▣ (활동 1) 바람 목록 살펴보기 – 바람목록표를 살펴보며 어떠한 바람이 있는지 살펴본다. – 모르는 낱말, 각각의 바람의 의미를 교사, 친구와 함께 의논하며 이해하도록 한다. ▣ (활동 2) 나의 바람 생각하기 – 요새 내가 가장 원하는 바람을 바람목록표에서 고른다. – 활동지에 자신이 고른 바람을 적는다. 　(나의 바람이 바람목록표에 없다면 자신이 원하는 바람을 적는다.) – 그 바람을 선택한 까닭을 적는다. – 그 바람을 이루기 위해 오늘 내가 할 수 있는 일을 계획하고 적는다. ▣ (활동 3) 나의 바람을 친구와 나누기 – 모둠별로 한 사람씩 돌아가며 자신의 바람과 그 바람을 고른 까닭, 오늘 내가 실천할 일을 이야기한다. – 말하는 사람은 마음을 열고 솔직하게 이야기하고, 듣는 친구들은 공감하며 듣는다. – 모둠끼리 이야기 나누기가 끝나면 몇 명의 학생들이 앞으로 나와 반 전체 친구들 앞에서 자신의 바람을 이야기한다.	◇ 가치카드 　(보석카드) ◇ 바람목록표 ☆ 바람을 이루기 위해 내가 할 수 있는 일을 계획하고 실천하면서 스스로 문제를 해결하는 힘을 기를 수 있도록 한다. ☆ 발표하는 사람은 친구를 골고루 바라보며 자신의 마음을 담아 말하도록 한다. ☆ 진지하게 활동하도록 유도하며, 친구가

		발표할 때는 공감의 눈빛과 몸짓을 하도록 한다.(아하! 대화법)
정리 (8´)	▣ 소감 나누기 - 오늘 수업을 통해 알게 되거나 생각한 점, 느낀 점을 적는다. - 소감을 발표한다. 　(모두 일어선 후 친구의 발표를 듣고, 친구의 생각이 자신의 생각과 비슷 　하거나 같으면 발표한 친구가 앉을 때 함께 앉는다.) - 오늘 수업을 하며 칭찬하고 싶거나, 고마웠던 친구 발표하기 ▣ 마무리 인사	☆ 소감을 나누며 오늘 활동을 내면화할 수 있도록 한다.

Ⅳ 사랑의 기술로 상담 이끌기

1 감정코칭

감정코칭은 감정을 있는 그대로 자연스럽게 이해하고 받아들이되, 감정을 표현하는 방식인 행동에는 명확한 한계를 두고, 그 안에서 좀 더 바람직한 방향으로 이끌어주는 것입니다. 이것이 감정코칭의 핵심입니다.[5]

감정코칭 5단계

존 가트맨(John Gottman, 1942~)

1단계	감정 알아차리기
2단계	강한 감정을 표현할수록 좋은 기회로 여기기
3단계	감정을 들어주고 공감하기
4단계	자기감정을 파악할 수 있도록 감정에 이름 붙이기
5단계	바람직한 방향으로 이끌어주기

---

5 최성애·조벽, 『청소년 감정코칭』, 해냄, 2015, p.21.

〈감정코칭 1단계: 감정을 포착한다〉

- 표정을 읽는 연습을 한다.
- 기분이 어떤지 물어본다.
- 학생이 느꼈을 감정을 상상해 본다.

〈감정코칭 2단계: 강한 감정을 표현할수록 좋은 기회로 여기기〉

- 학생과 긍정적인 관계를 형성할 수 있는 좋은 기회로 삼기
- 강한 감정을 보일수록 부드럽게 반응하라
- '검사'가 아닌 '변호사'의 역할을 하라

감정코칭에서는 학생이 강한 감정을 표현할수록 감정코칭을 할 수 있는 좋은 기회로 여기라고 한다. 학생이 감정의 홍수상태에서 강한 감정을 표현할 때 교사가 같이 흥분하여 소리 지르고 화내게 되면, 학생과의 관계도 깨져 버리고 그 학생이 인격적으로 성숙해지도록 도울 수 있는 기회도 잃어버리게 된다. 대부분의 교사가 학생이 강한 감정을 표현할 때 보이는 문제행동만 바라보고 비난하며 화를 내고, 문제 행동 뒤에 가려져 있는 학생의 감정을 읽지 못하는 경우가 많다.

이때 가장 중요한 것은 교사가 부드럽고 침착하게 반응해야 한다는 것이다. 사실 이렇게 하는 것이 쉬운 일은 아니지만, 교사가 먼저 심호흡을 하며 흥분하려는 마음을 가라앉히고 말을 천천히 부드럽게 하게 되면 학생도 감정의 홍수에서 벗어나게 된다.

그리고 학생의 문제 행동에 대해 비난하기 전에 학생의 감정을 인정하고 공감해 주면, 학생도 마음의 문을 열고 교사의 말에 귀기울이며 신뢰하게 된다.

그래서 자칫 학생과 교사 모두 상처를 주고 받을 수 있는 상황을 오히려 학생과 긍정적인 관계를 맺고 바르게 이끌어 줄 수 있는 기회로 만들 수 있는 것이다.

〈감정코칭 3단계: 감정을 들어주고 공감하기〉

- 학생의 감정에 귀 기울여라
- 다가가는 대화하기
- 충분한 시간을 두고 감정의 껍을 벗겨내라

〈감정코칭 4단계: 감정에 이름 붙이기〉

- '감정'이라는 문에 손잡이 달기
- 먼저 충분히 들어주기
- 대화를 거부할 때는 감정을 그대로 비춰주고 기다리기

〈감정코칭 5단계: 바람직한 행동으로 이끌기〉

- 스스로 해결책을 찾도록 이끌기
- '무엇'과 '어떻게'로 적절한 질문하기
- 학생이 도저히 해결책을 생각해 내지 못하면 조심스럽게 제안하기

② 학생의 이야기를 듣는 네 가지 듣기 기술[6]

가. 침묵하기

교사가 학생에게 거침없이 자신의 생각만을 이야기하면 학생은 자신의 생각을 이야기할 수 없게 된다. 학생의 이야기를 듣기 위해서는 우선 교사가 침묵해야 한다.

나. 인정해 주기

"응.", "그렇구나."라는 말이나 미소, 고개를 끄덕이는 동작 등으로 학생의 상태와 기분을 인정해 준다. 그러면 학생은 '이야기를 계속해도 되겠구나.'라는 생각을 하게 된다.

다. 말문 열기

"뭔가 할 말이 있는 것 같구나.", "좀 더 말해주지 않겠니?"

라. 적극적 경청

- 상대방의 말을 반복하면서 상대방의 감정을 확인한다.
- 상대방이 이야기한 내용을 다시 말하며 정리해 준다.
- 상대방의 마음을 헤아린다.

---

6 Chie Kondo , 『교사역할훈련 가이드』, GTI 코리아, 2014, p.77, 101.

❸ 행동관찰로 말하기[7]

가. 판단의 말을 멀리하기

우리는 습관적으로 상대방을 판단하는 말을 하곤 한다. 판단의 말은 상대방의 행동에 대해 내 의견을 붙이는 것을 말한다. '맨날, 또, 항상' 등의 빈도를 나타내는 말은 판단의 말에 자주 포함된다. 이와 같은 판단의 말은 상대방의 반발을 불러올 수 있기 때문에 최대한 객관적인 입장에서 보이고 들리는 대로 말하는 것이 중요하다.

나. 행동관찰로 말하기

행동의 말은 학생의 모습을 사진을 찍거나 그림을 그리듯이 표현하는 것이다. 판단의 말은 학생이 동의하지 않고 반발할 수 있는 반면, 행동의 말은 보이는 모습을 그대로 표현하기 때문에 불필요한 반발을 줄일 수 있다.

❹ I-메시지로 말하기

I-메시지를 효과적으로 전달하려면 다음의 세 가지 요소로 구성하여야 한다. 이 세 가지 요소를 모두 포함하는 것을 "세 부분으로 구성된 I-메시지"라고 한다. 첫 번째 구성 요소는 교사에게 문제를 일으키고 있는 학생의 행동이고, 두 번째 구성 요소는 그 행동으로 인해서 교사가 받고 있는 명확하고 구체적인 영향이고, 세 번째 구성요소는 교사의 내부에서 일고 있는 감정이다.[8]

〈수업 중 학생들이 잡담을 계속 하고 있는 상황〉

You-메시지
"조용히 못해! 조용히 하라고 내가 몇 번이나 말했지!"
I-메시지
"너희들이 수업 중에 이렇게 자꾸 떠들면 선생님은 신경이 쓰이고 너희들을 조용히 시키느라 선생님이 준비한 것을 제대로 가르치지 못할까봐 걱정이 된다."

---

[7] 이은진외 2인, 『교사역할훈련으로 열어가는 교실이야기』, GTI 코리아, 2015, p.142.
[8] Chie Kondo , 『교사역할훈련 가이드』, GTI 코리아, 2014, p.124.

공감이 있는 따뜻한 교실로

교사와 학생이 서로 감정적으로 편안한 상태일 때 교수·학습에 집중할 수 있고 즐거운 수업을 할 수 있을 것이다. 그런데 우리는 많은 경우 인지적인 목표 달성에만 신경을 쓰느라 그 수업에서 학생들이 감정적으로 소외되거나 상처 받는 학생들이 있지는 않았는지 살피지 않는다. 그리고 수업 중 불편한 감정을 표현하는 학생들이 있어도 그것을 수업을 진행하는 데 걸림돌로 여기고 무시해 버리고 타박을 주는 경우도 많다.

그런데 과연 더 중요한 것은 무엇일까? 교과 내용을 가르치는 것보다 더 중요한 것은 학생과 학생 사이, 교사와 학생 사이의 따뜻한 관계를 만들어 나가는 것이라고 생각한다.

교사가 자신의 감정을 솔직하고 자연스럽게 표현하면서 학생들의 감정을 인정하고 공감해 줄 때, 학생들은 자신의 감정과 다른 사람의 감정을 잘 이해하고 적절한 방법으로 표현해 나가는 것을 배우게 되며, 스스로 문제를 해결할 수 있는 힘을 얻게 될 것이다.

> 교사는 학생들에게 힘을 사용하지 않고도
> 많은 영향력을 행사할 수 있다.
> 학생을 통제하기 위해 힘을 사용하면 할수록
> 자신의 삶이나 학교에서
> 자신이 가질 수 있는 영향력이 더 줄어든다.
>
> ─ Thomas Gordon ─

대니얼 골먼, 『감성지능』, 웅진지식하우스, 2016

Chie Kondo, 『교사역할훈련가이드』, GTI 코리아, 2014

조선미 외 3인, 『마음의 힘을 기르는 감성수업』, 살림터, 2016

C－2015－016558, 편집저작물, 마음을 열어주는 감정놀이 카드

초등상담나무, cafe.daum.net/counseling－tree

최성애·조벽, 『청소년 감정코칭』, 해냄, 2015

이은진 외 2인, 『교사역할훈련으로 열어가는 교실이야기』, GTI 코리아, 2015

07

평가에 수업의 길을 묻다

최원경

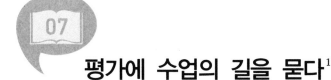

평가에 수업의 길을 묻다[1]

I
'수업'과 '평가'

교육과정의 성취기준과 수업, 평가가 일체화 되어 아이들을 서열 세우는 것이 아닌 아이들의 성장을 위하는 과정중심의 평가에 대해 동의하지 않는 교사는 없을 것이다. 1999년에 도입된 수행평가의 취지도 그렇게 다르지 않다. 그런데 왜 과정중심의 평가가 현장에서 쉽지 않은 것일까? 2017년 본교의 연구학교 주제로 선정, 운영되어 이를 좀 더 고민하고, 평가에 대한 안목과 통찰을 얻는 기회를 가지게 되어 감사하다는 생각이 든다.

"수업을 왜 하지?"라는 질문과 "평가를 왜 하지?"라는 물음 앞에 서면 결국 두 질문은 맞닿아 있음을 알 수 있다. 이는 일직선상의 과정이 아니라 두 영역이 서로 끊임없이 넘나드는, 또는 꼬리에 꼬리를 무는 모습으로 인식이 되기 때문이다. 그렇다면 수업을 잘한다는 것은 아이들에게 의도한 배움이 잘 일어나도록 섬세하게 디자인을 하고, 교실과 아이들의 상황과 맥락에 따라 내용과 방법을 잘 조절하는 것, 그리고 평가를 통해 의도한 교육적 활동들이 얼마나 개개인의 배움으로 연결되었는지 확인하여 다음 수업에서 보완할 지점들을 민감하게 포착하여 적용하는 것이 될 것이다.

평가에 대한 고민들이 교사의 수업 민감성을 향상시키고, 수업을 스케일 업(scale up)[2]하여 전문성을 신장하는 데 기여할 것은 분명해 보인다.

---

1 위 원고는 학생평가 연구학교 운영에 참여하면서 남산초등학교 선생님들과 함께 고민하고 실천한 사례이다.
2 서울대 이정동 교수의 저서 『축적의 시간』에서 작은 아이디어를 키우고 구체화하면서 현실에서 실현 가능한 방법을 찾

　　나의 수업을 통해 아이들에게 생각하는 힘이 길러졌으면 좋겠다. 이 과정에서 일어난 배움들이 삶으로 연결되어지면 더 바랄 것이 없을 것 같다. 그러나 정작 가르침에 대한 계획은 있었지만 평가를 통해 아이들의 피드백을 받고, 그것으로 아이들과 대화하려는 노력이 많이 부족했던 것이 사실이다. 무딘 날로 열심히 나무를 베려는 나무꾼의 모습과 다름이 없었다. 연구학교 참여를 통해 스케일 업할 수 있는 기회가 주어져 감사하다.

🔲 수업 설계와 실행

　　2015 개정 교육과정이 추구하는 핵심개념과 원리, 단원이나 영역의 중심 아이디어, 지식, 기능, 태도가 결합된 역량을 평가하기 위해서는 이해중심 교육과정을 기반으로 한 백워드 수업 설계를 하는 것이 보다 명확한 수업자의 시야를 갖게 해 준다는 생각에 공감하였다. 그래서 이를 바탕으로 아래와 같이 단원을 재구성하여 공개 수업을 하기 전 먼저 본교 선생님들에게 수업 공개를 하였다.

　　개념을 핵심질문으로 만드는 과정에서 아이들과 나누어야 할 수업내용들이 명확해졌다. 단원 학습 중 아이들이 스스로의 배움을 증명할 자료에 초점에 맞추다보니 자연스럽게 거기에 맞추어 교과서 학습내용을 재구성하지 않을 수 없었다.

　　<표 1>은 1학기에 수업 공개한 3학년 도덕 교과 수업 설계 부분이고, <표 2>는 교수·학습 과정안이다.

아내는 게 중요하다는 의미로 쓰인 말이다.

Ⅲ. 수업 설계

▣ Mission: 내가 소중한 이유를 알고 나를 소중히 하는 생활을 찾아 실천할 수 있다.

▣ Big idea: 도덕적 주체로서의 나, 나의 소중함, 나의 삶, 나의 삶을 소중히 여기는 방법

1단계 – 바라는 결과 확인

설정 목표

내가 소중한 이유를 알고 나와 나의 삶을 소중하게 여기는 삶의 자세를 지속적으로 실천할 수 있다.

이해	*본질적 질문*
▸ 주요 아이디어: 나의 소중함 ▸ 주요 아이디어에 관해 구체적으로 바라는 이해: 내가 소중한 이유 알기, 소중히 할 때의 문제점 알기, 소중하게 대하는 방법 ▸ 예상되는 오개념: 잘하는게 없으면 소중하지 않을 것 이라는 생각	▸ 탐구, 이해, 전이를 유발시키는 질문은? 1. 내가 소중한 이유는 무엇인가? 2. 자신을 소중히 하는 생활이란 어떤 것인가? 3. 자신을 소중히 하는 생활이 왜 중요한가? 4. 자신과 자신의 삶을 소중하게 대하는 방법에는 어떤 것이 있을까? 5. 자신과 자신의 삶을 소중하게 대하는 방법을 실천하고 있는가? 6. 자신을 소중하게 여기는 사람은 어떤 자세를 가진 사람인가?

학생들은 알 수 있게 될 것이다. 학생들은 할 수 있게 될 것이다.

▸ 획득하게 될 핵심지식과 기능은?
　나의 장단점의 유무에 관계없이 나는 소중한 존재이다.

▸ 지식과 기능을 습득하여 무엇을 할 수 있게 될 것이다.
　나를 소중히 여길 때의 생활 모습과 자세를 알고 꾸준히 실천할 수 있다.

2단계 – 수용가능한 증거 결과

수행 과제	*다른 증거*
▸ 어떤 수행과제를 통해 이해를 증명할 것인가? 내가 소중한 이유를 자신만의 말로 구체적으로 표현하기 ▸ 이해 수행의 준거는? 1. 내가 소중한 이유를 말할 수 있는가? 2. 자신과 자신의 삶을 소중하게 대하는 방법을 알고 있는가? 3. 소중하게 여기는 방법을 선택하여 지속적으로 실천하고 있는가?	▸ 결과 성취의 증거들 　타임캡슐의 성취여부 ▸ 자기 평가와 반성 　간단한 자기 기술문

3단계 – 학습경험 계획하기

학습활동　▸ 교수·학습 과정안 참조

<표 1> 백워드 수업 설계

　　각 단계 속에 이탤릭체와 질문들은 교사들과 나눌 때 이해를 돕기 위해 그대로 두었다.

1. 본시 교수 · 학습 과정안

단원	1. 소중한 나(4/4)	교과서(쪽)	도덕 3(22~31쪽)
학습 주제	자신을 소중히 하는 생활 실천하기		
학습 목표	자신을 소중히 가꾸는 방법을 찾아 생활 속에서 꾸준히 실천할 수 있다.		
의도하는 수업 주안점	− 소중한 나를 위해 할 수 있는 행동과 습관을 스스로 찾아 보기 − 나의 꿈을 몸으로 표현해 보고, 꿈을 위한 실천을 꾸준히 하려는 의지 갖기 − 앎이 삶으로 연결되는 수업		

단계	교수 · 학습 활동	시간	자료 및 유의점
도입 학습문제 확인	▣ '꼬마 출석부' 부르기 − '이 친구'는 누구일까요? ▣ 감사메모 나누기 ▣ 동기 유발 ● 27쪽 '나 자신'에 대해 과제로 해 온 것 나누기 ┌─────────────────────────────┐ │ 나를 소중히 가꾸는 방법을 찾고 꾸준히 실천해 보자 │ └─────────────────────────────┘	10′	도덕 27쪽 (과제로 제시)

전개	〈활동 1〉 지금 나는?
	● 22쪽의 그림을 보며 내가 잘 하고 있는 것 찾아보기
	  − 잘하고 있는 것을 찾아 ○표 해 본다.
	● 실천해야 할 계획이나 고쳐야 할 행동, 습관을 찾아본다.
	  − 고칠 것, 버릴 것과 함께 꼭 실천해 보고 싶은 계획을 찾아본다.
	
	〈활동 2〉 나의 타임캡슐
	● 1학기에 꼭 해 보고 싶은 활동을 찾아 적어보기
	  − 1학기에 실천할 수 있는 활동을 찾아 적어보게 한다.
	  − 단순한 즐거움을 위한 활동보다 자신을 소중히 가꾸기 위한 활동으로 적어보게 한다.
	  − 1학기 말 타임캡슐을 열어 확인하는 과정을 가질 것임을 알게 하고, 어떤 구체적인 노력이 필요한지 적고 나누도록 한다.
	
	〈활동 3〉 몸으로 나의 꿈 표현하기
	● 몸으로 1학기에 꼭 해 보고 싶은 활동 표현하기
	  − 모둠별로 친구들 앞에서 자신의 꿈을 표현하게 한다.
	  − 모둠원들은 발표하는 친구의 꿈이 어떤 꿈인지 맞추도록 한다.
		25′	고칠 것 보다는 긍정적인 것에 초점을 두어 1학기에 꼭 해보고 싶은 활동을 찾아보게 한다.
			
			모둠별 활동이므로 모둠원만 들을 수 있는 목소리를 사용하도록 지도

정리	▣ 오늘 배운 매용을 정리하며, 내면화 하기
	● 공부를 하면서 알게 된 점, 배운 점 나누기
	  − 나를 소중히 하는 활동에 대해 알게 되었다.
	  − 꾸준히 실천해 보겠다
		5′	

차시예고	▣ 친구들과 잘 지내는 방법에 대해 공부해 보자.		

<표 2> 본시 과정안

학습활동2의 타임캡슐을 7월 초에 확인하고 구체적인 노력의 지속여부를 확인하고자 하였다.

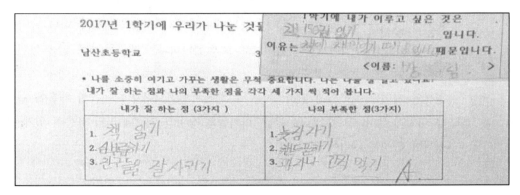

수행평가지

학습활동2의 타임캡슐 내용을 1학기 말인 7월 초에 스스로 확인하게 하여 그동안 나를 소중히 여기고 가꾸는 생활을 했는지 자기평가를 실시했다.

III
고민해 본 것들

1 통합적으로 평가가 이루어지지 못하고 영역별로 평가가 이루어지는 점

평가가 교사에게 버겁고 힘든 과정으로 여겨지는 것은 통합적으로 이루어지지 않고 영역별로 잘게 쪼개어진 평가를 해야 하기 때문이다. 초등의 경우 담임교사가 다수 교과의 많은 단원을 여러 개의 영역별로 평가해야 하기에 평가가 교사에게 부담으로 작용하고 있다. NEIS는 교사에게 부담이 되는 것이 아닌 교사의 고민을 돕는 방향으로 개선되어야 할 것이다.

그렇기에 더더욱 교육과정 성취기준을 바탕으로 교육과정을 재구성하고 이에 따른 평가계획을 세우는 교사들의 역량 강화가 필요해 보인다. 이 작업이 번거로워 보이지만 익숙해지면 수업하는 즐거움이 살아나고, 평가 설계자로서의 교사 전문성이 향상될 것이다.

❷ 평가 설계의 시기

아이들을 맞이하여 새로운 환경에 적응하도록 온 힘을 쏟아야 하는 3월에 평가를 고민하기 시작하는 것은 교사들에게 너무나 버겁다. 2월에 학년 배정이 되는대로 교과별 성취기준을 훑어보고 교과 하나하나씩 재구성의 큰 판을 마련해 놓는 것이 좋다. 어느 정도 뼈대를 가지고 3월을 시작하는 것은 교사에게 여유와 성찰의 기회를 제공하게 된다. 이는 수업으로 연결되어져 아이들의 배움에 영향을 미치게 된다. 그 후 학교, 학급, 아이들의 상황과 맥락에 따라 융통성 있게 수정하여 완성해 나가야 한다.

❸ 아이들 수에 따른 평가의 어려움

이미 다 아는 사실이지만 아이들 수가 많을수록 섬세한 평가가 어려운 것이 사실이다. 이를 어떻게 하면 극복할 수 있는가 하는 것도 고민거리다. 본인의 경우 3~4학년 도덕 수업을 하다 보니 도덕교과에 집중하여 교육과정을 재구성하고 평가를 설계할 수 있는 장점이 있었다. 그러나 3학년 6개 학급과 4학년 7개 학급 모두 13개 학급 약 300명 정도의 아이들을 섬세하게 평가한다는 것은 만만한 작업이 아니었다. 일주일에 한 번 주어지는 수업시간을 밀도 있게 운영하는 것에 초점을 맞추다 보니 평가를 놓치는 경우도 발생하였다.

그러다보니 내가 과연 아이를 제대로 평가한 것인지, 셔터를 눌러야 하는 경우를 잘못 설정한 것은 아닌가 하는 생각에 예전의 수행평가[3] 방식을 활용했다. 하지만 그 과정에서 아이들에게 평가의 부담을 줄 수도 있겠다는 생각이 들었다. 이 때의 경험을 바탕으로 부담을 주지 말자는 의도를 지닌 과정 평가의 목적을 제대로 수행하려면 평가 설계자로서 좀 더 치밀했어야 했다는 성찰을 하였다.

❹ 공동 수업 계획과 실행에 관하여

가. 공동 수업 계획의 최소 단위

학년 선생님들이 함께 수업을 계획하고, 실행하는 과정에서 공동체성이 발현되고 여러 긍정적인 면들이 있다는 것에 동의하는 바이다. 다만 한 차시의 수업을

---

3 예전의 수행평가 방식이라는 의미는 학기말 몰아서 했던 나의 개인적 경험을 의미한다.

공동 작업하기보다는 단원 전체를 함께 재구성하는 과정이 교사 학습 공동체와 교사 전문성 신장 면에서 의미가 있다고 본다. 많은 시간은 요하겠지만 교과와 단원 해석에 대한 다양한 시각을 나누고 공유하는 가운데 공동체성이 강화되고, 전문성도 신장될 것이다.

나. 수업 정체성

공동으로 작업을 하기 전 선행되어야 할 것은 수업에 대한 개별 교사의 안목과 정체성, 철학의 수립이다. 함께 수업을 계획하더라도 교과와 단원에 대한 개별적인 해석과 생각이 바탕 되지 않으면 협동학습에서의 무임승차와 같이 될 수 있다. 이로 인해 교사가 수업에서 소외되고, 결국 아이들의 의미 있는 배움으로 연결되어지지 못할 수 있다. 따라서 공동 계획 과정을 거치더라도 이것은 각 교사의 다양성과 정체성을 더 강화하는 작업의 일환으로 운영되는 것이 바람직하다고 본다.

'평가'라는 단어는 편하지 않다. 어딘가 불편하고 가능하면 피하고 싶다. 어쩌면 내 수업을 반영하는 거울이기에 직면하기 두렵기 때문일 수도 있다. 그러나 2017년 행복성장평가 연구학교 참여를 통해 '평가는 communication의 도구다' 라는 것을 깊이 생각하게 되어 나에게 큰 의미가 있었다. 아이들의 배움과 성장을 점검하고 반영하여 수업하는 동안 교사로서의 행복을 느낄 수 있었다. 아이들이 자라는 만큼 나도 같이 진화하고 있다.

08

효과적인 성교육을 위한 수업 실제

백성숙

효과적인 성교육을 위한 수업 실제

I
청소년 성문화 실태

　　최근 뉴스나 학생들 사이의 문화를 보면 성 문제가 심각한 것을 알 수 있다. 2015년 청소년 통계에 의하면 휴대폰 성인물 이용 경험률이 2010년 7.5%에서 2014년 52.6%로 증가하였다. 제11차 청소년건강행태 온라인 통계(2015년)에 따르면 학생들의 성관계 시작 연령은 2010년 13.6세에서 2015년 13.2세로 낮아진 것을 알 수 있다. 김성태 의원이 교육부로부터 받은 '2016년 학교폭력 유형별 심의 현황' 자료에 따르면 초등학교에서는 성 관련 학교 폭력 증가율이 전년 대비 49%, 중학교는 사이버 폭력 41%, 고등학생은 사이버 폭력 69%순으로 성폭력과 사이버 폭력의 발생률이 가장 많이 증가한 것을 알 수 있다. 학생 간 성폭력 사건 또한 증가하고 있는데 초등학생 성폭력 가해자도 3년 사이에 7배가 증가하였다.

　　2013년 제주도에 수학여행 갔던 여고생이 남자아이를 출산하여 콘도 화장대에 버리고 온 사건, 여중생이 출산하여 신생아를 아파트 베란다에서 던진 사건, 2016년 6월 대전의 중학교 1학년 남학생 9명이 수업 중 자신의 신체 일부를 만지며 음란행위를 한 사건 등을 보면 청소년의 그릇된 성문화를 짐작할 수 있다.

　　성관계라는 문턱을 쉽게 넘어 원치 않는 임신을 하게 되어 낙태나 영아유기, 영아살인 등으로 이어지게 되는 것이다. 우리 사회가 왜 이렇게 되었을까?

　　성과 관련한 사회적 이슈들이 등장할 때마다 학교에서의 성교육이 도마에 오른다. 이러한 문제의 발생 원인이 마치 학교에서의 성교육이 잘못된 것 때문인 것처럼 이야기한다.

II
성교육은?

성교육은 단순한 성 관련 정보나 지식을 전달하는 것을 의미하는 것이 아니다. 성교육은 성에 대한 올바른 지식과 태도, 가치관을 교육시켜 사회 구성원으로서 바람직한 인간관계를 형성하고 건강하게 살아갈 수 있도록 도와주는 교육이다. 성교육의 지향점은 건전한 성문화와 성 건강을 증진시켜 건강하고 행복한 생활을 영위할 수 있도록 하는 인간교육으로 미래에 다가올 사회적 관계, 나아가 행복한 삶을 영위할 수 있도록 준비하는 것이다. 따라서 성교육은 전인교육이며, 건강한 삶을 위한 인간존중의 정신에 입각한 인간교육이다.(2014 성교육 강화 연구 13쪽)

성은 인간의 일생에 걸친 문제이며 동시에 사회적 문제이다. 성교육은 우리의 문화와도 관련이 있다. 유교문화의 영향을 받은 우리나라는 성에 대한 언급을 금기시하고 무관심한 태도를 보여 왔다. 부모나 교사들도 성교육의 개념을 잘못 이해하고 있거나 소극적인 태도를 보이고 있다.

최근 인터넷의 발달과 스마트폰의 보급으로 청소년들은 음란 사이트에 쉽게 접근할 수 있다. 근래에 방영되고 있는 뮤직비디오나 드라마, 예능 프로그램, 광고 등에는 성 관련 코드가 숨겨져 있는 경우가 많고, 성 관련 묘사의 수위나 빈도가 점점 높아지고 있으며, 위험한 행위를 미화하는 내용이 많다. 이와 같이 폭력적인 미디어에 노출되거나 사이버 공간에서 무절제하고 무책임하게 이루어지는 성 정보 교환 등은 청소년들의 성 건강을 해롭게 하고 위험한 행동을 할 가능성을 높인다. 따라서 이에 대한 적절한 교육이 필요하다.

체계적인 성교육이 이루어지려면 가정, 학교, 지역사회가 협력해야 한다. 학교는 학생들이 많은 시간을 보내는 곳으로 학생들에게 의도적, 계획적, 조직적으로 교육활동을 전개할 수 있는 곳이다. 학교는 학생들의 특성에 알맞은 성교육을 실시하여 올바른 성지식을 알려주고, 바람직한 성태도와 성행동을 가르치고 지도해야 한다. 지속적이고 체계적인 성교육을 통하여 건전하고 바람직한 성 가치관과 성문화를 형성할 수 있도록 하여야 한다.

학교에서의 성교육이 활성화되기 위해서는 정책적 지원이 필요하다. 여러 나라에서 실시하고 있는 학교에서의 성교육은 가정의 성교육을 보충하는 개념으로

추진되고 있다. 우리나라의 성교육도 가정과 학교, 지역사회가 함께하는 통합적 접근이 필요하다. 그러나 대다수의 부모들이 가정에서의 성교육을 어떻게 실시해야 하는지 잘 알지 못하고 학교에서 실시해 주기를 원하고 있다. 현재 학교에서의 성교육은 보건교사를 중심으로 일부 시간에 제한적으로 이루어지고 있다. 그러나 성교육은 인간의 발달 단계에 알맞게 지속적으로 이루어져야 한다. 따라서 모든 교사가 성교육을 실시할 수 있도록 준비되어야 한다. 학교에서의 성교육을 강화하기 위해서는 수업 시간의 확보, 교사들의 성교육 역량강화, 성교육 교수·학습 자료의 개발·보급 등이 해결되어야 한다. 성교육의 내용도 성 지식에만 국한하지 말고 성과 관련한 지식, 실제적인 대처 기술, 관계교육, 가정생활 등 포괄적으로 접근하여야 한다.

또한, 성범죄 피해자나 가해자의 연령이 점점 낮아지고 있으므로 조기에 성교육을 실시하여야 한다. 구체적이고 실제적인 성교육을 실시하여야 하며 개인차를 고려하여야 한다. 아이들이 가지고 있는 성에 대한 정보가 각자 다르기 때문에 실제 학급에서 수업을 할 때 가장 어려운 점이 이 부분이다.

성교육은 성에 대한 올바르고 긍정적인 가치관을 확립해 주는 것이 필요하다.

III
성교육 교수·학습 자료

2001년 교육인적자원부에서 우리나라 최초의 교사용 성교육지도지침서 『함께 풀어가는 성 이야기』를 개발·보급하였다. 이후 여러 기관에서 산발적으로 성교육자료가 개발·보급되었다. 2014년에 교육부에서는 학교 성교육표준안을 개발·보급하였으며 2015년에는 성교육 표준안에 근거하여 교사용 지도서, 학생용 워크북, 파워포인트와 동영상 자료를 개발·보급하였다. 이는 성교육 내용체계를 정립하여 현장의 교사들에게 성교육 가이드라인을 주었다는 데 큰 의의가 있다.

성교육표준안은 유치원, 초등학교 저학년, 중학년, 고학년, 중학교, 고등학교로 구분되어 개발되었다.

교육부 성교육표준안에서 제시한 초등학교 성교육 내용체계는 다음과 같다.

┌─────────────────────────┐
│ 초등학교 저학년(1~2학년) │
└─────────────────────────┘

영역	주제	목표	내용 요소	활동 내용
인간 발달	(1) 몸의 구조와 생명의 소중함	나와 다른 성과의 차이점, 몸의 구조와 역할, 건강한 성장의 의미를 바르게 알고 아기의 탄생 과정에 대한 이해를 통해 생명의 소중함을 안다.	서로 다른 성	· 나와 다른 성 · 자기 성과 반대성의 차이점
			생명의 소중함	· 생명의 소중함 · 아기 탄생과 소중한 생명
			몸의 구조와 성장	· 몸의 구조와 역할 · 건강한 성장
	(2) 남녀의 성과 생활	남녀의 화장실이 다른 이유를 알고 남녀의 생활방식에 차이가 있음을 이해하며 그에 적합한 행동을 생활화 한다.	남녀의 생활	· 남녀의 화장실이 다른 이유 · 남녀의 생활방식의 차이
인간 관계	(1) 가족과 친구의 성과 예절	가족과 친구의 좋은 점과 가족과 친구의 성의 차를 이해하고 서로 간에 존중하는 마음으로 지켜야할 예절과 역할을 알고 실천한다.	가족 구성원의 성	· 가족의 좋은 점 소개하기 · 가족 구성원의 성의 차 이해 · 화목한 가정을 위한 나의 역할
			가족에 대한 성 예절	· 우리 가족의 구성원 · 가족 구성원 성별에 따른 예절
			친구의 성	· 친구의 개성 존중하기 · 동성 친구와 이성 친구 이해하기 · 친구를 소중히 여기기
	(2) 이성 친구와의 관계	이성 친구에게 나의 마음을 솔직하게 표현하고 상대방의 표현을 받아들이며 상황에 맞는 인사말로 서로 사이좋게 지낸다.	이성 친구와 지내기	· 나의 마음을 표현하기 · 상대방의 표현 받아들이기 · 이성 친구와의 상황별 인사말 이해
	(3) 결혼, 부모와 나의 관계	이성과의 결혼에 대한 바른 인식과 결혼으로 인해 만들어지는 가정에 대한 이해를 통해 부모와 나와의 관계를 정확하게 파악한다.	결혼의 의미와 나	· 결혼의 의미와 가정 · 내가 살고 싶은 가정 · 부모와 나와의 관계 이해

영역	주제	목표	내용 요소	활동 내용
대처 기술	(1) 동·이성 간의 올바른 태도와 의사결정	동·이성 간 올바른 몸가짐과 서로 존중해야 하는 이유와 태도를 알고 그에 적합한 행동을 하기 위한 합리적인 의사결정을 하며 이를 학교생활에서 실천한다.	동·이성 간 올바른 의사결정	· 동성과 이성에 대한 몸가짐과 태도 · 올바른 몸가짐을 하기 위한 나의 의사 결정
			동·이성 간 존중하는 태도와 행동 결정	· 동성과 이성 간 존중해야 하는 까닭 · 동성과 이성 간 서로 존중하는 행동
				· 동·이성 간 존중하는 태도 · 동·이성 간 학교생활에서의 실천 태도
	(2) 의사 표현하기	이성 친구 앞에서 자신 있게 자신의 의사표현을 할 줄 알고 싫어하는 것에 대한 표현을 정확하게 전달한다.	이성 친구에게 의사표현 하기	· 이성 친구 앞에서 자신 있게 의사 표현하기 · 싫어하는 것을 친구에게 표현하기
성 건강	(1) 생식기 관리	몸을 깨끗이 해야 하는 까닭을 알고 생식기의 청결한 관리에 도움이 되는 남녀의 성별에 따른 옷차림을 이해하며 이를 통해 성 건강에 도움이 되는 옷차림을 생활화 한다.	생식기의 청결한 관리와 옷차림	· 몸을 깨끗이 해야 하는 이유 · 생식기 청결 방법
				· 상황에 맞는 단정한 옷차림 · 성별에 따른 안전하고 편안한 옷차림
사회 와 문화	(1) 강요된 행동과 성폭력	이성의 성적 강요행동과 언어, 성폭력의 의미를 이해하고 놀이과정이나 일상생활에서 나타나는 성폭력성 행동과 언어에 대해 사전에 예방하며 성폭력 상황에 적합하게 대처할 수 있는 능력을 기른다.	아는 사람의 성적 강요 행동과 언어	· 이성의 성적 강요 행동의 의미 · 이성의 강요된 성적 언어의 이해 · 이성의 성적 강요된 행동의 대상 및 유형
			성폭력의 의미와 대처법	· 성폭력성의 의미 · 성폭력성 놀이의 이해
				· 성폭력성 놀이의 유형 · 좋은 접촉, 나쁜 접촉 구별하기
				· 접촉에 따른 성폭력 예방 · 성폭력에 따른 대처 방법
	(2) 성역할과 평등	성역할의 의미와 역할분담을 이해하고 양성평등의 실천을 위해 가사분담에 동참하는 일을 생활화 한다.	성역할과 양성 평등	· 성역할의 의미와 역할분담 · 양성평등과 가사분담
	(3) 인터넷과 대중매체의 성	인터넷 활용에 따른 편리성과 위험성에 대해 바르게 이해하고 인터넷과 대중매체에 나타나는 성 표현 사례와 시청 금	인터넷의 편리성과 위험성	· 인터넷 활용의 편리성과 위험성 · 인터넷의 피해 사례
				· SNS 활용의 편리성과 위험성

영역	주제	목표	내용 요소	활동 내용
		지의 의미를 이해하며 자신에게 맞는 올바른 대중매체 시청 방법을 알고 이를 실천한다.	대중매체와 성	· SNS의 피해 사례 · 음란물의 이해 · 사진 속 음란물의 종류와 대처법
	(4) 음란물의 이해	음란물의 의미를 바르게 이해하고 사진 속 음란물의 종류와 대처법을 알고 이를 실생활에서 실천한다.	사진 속 음란물	· 대중매체에 나타난 성 표현 사례 · 올바른 대중매체 시청 방법 · 대중매체에 제시된 시청 금지의 의미 알기 · 자신에게 맞는 대중매체 프로그램 찾기

초등학교 중학년(3~4학년)

영역	주제	목표	내용 요소	활동 내용
	(1) 성과생활	성의 의미와 내면의 아름다움에 대한 이해를 통해 아름다운 성의 진정한 의미를 깨닫고 일상생활에서 외모보다 내면을 중시하는 태도를 갖는다.	아름다운 성	· 성의 의미와 생활 · 내면의 아름다움 · 외모보다 내면을 중시하는 태도
인간 발달	(2) 생명의 탄생과 신체발달	남녀의 성장에 따른 신체 변화의 공통점과 차이점을 바르게 이해하고 성장하는 몸, 성장에 따른 신체변화, 생명이 창조되는 과정에 대한 이해를 통해 생명의 소중함을 안다.	생명의 탄생	· 생명의 소중함 · 생명이 창조되는 과정
			남녀의 신체 발달	· 남녀 간 신체발달의 공통점 · 남녀 간 신체발달의 특성과 차이점
			변화하는 몸	· 성장하는 몸 · 성장에 따른 신체의 변화
	(3) 남녀의 성장과 성 정체성	남녀의 심리적 차이와 특성을 바르게 이해하고 사회생활에서 바람직한 남녀의 역할을 수행한다.	남녀의 성과 심리 특성	· 남녀의 심리적 차이와 특성 · 사회생활에서의 바람직한 남녀의 역할
인간 관계	(1) 결혼에 따른 구성원의 역할과 책임	가정의 의미와 소중함을 인식하고 가족 구성원의 성별에 따른 역할을 이해하며 부모로서	성별에 따른 가족 구성원의 역할과 중요성	· 가정의 의미와 소중함에 대한 이해 · 성별에 따른 가족 구성원의 역할과 중요성

영역	주제	목표	내용 요소	활동 내용
		의 책임과 역할이 중요함을 인지하고 자신이 꿈꾸는 결혼을 위해 가족 구성원의 일원으로서 할 수 있는 역할을 찾아 실천한다.	내가 꿈꾸는 결혼과 부모의 역할	· 가족 간에 화목하게 지내기 위해 실천할 일 · 내가 꿈꾸는 결혼 · 부모의 책임과 역할
	(2) 이성 친구 간의 언어와 예절	이성 친구 간에 발생하는 갈등의 원인을 알고 바른 언어사용으로 갈등을 줄여 나가며 이성 친구와의 놀이 중에 발생하는 갈등을 줄이기 위한 예절을 알고 이를 일상생활에서 실천한다.	이성 친구와의 갈등과 언어 사용	· 우정의 중요성 · 이성 친구 간에 발생하는 갈등의 원인 · 이성 친구 간에 사용해야 할 언어 예절
			놀이에서 이성 친구 간 지켜야 할 예절	· 이성 친구와의 놀이 유형 · 놀이 중 이성 친구에게 지켜야 할 예절
대처 기술	(1) 성적 행동에 대한 의사결정과 의사소통	성적 행동에 대한 올바른 의사결정으로 자신과 타인을 이해하고 존중하는 태도를 실천하며 자기주장과 다를 때 이성 친구에게 바람직한 방법으로 정확하게 거절하는 표현을 한다.	성적 행동에 대한 올바른 의사결정	· 올바른 의사결정 방법 · 성적 행동에 대한 나의 결정
			이성 친구와의 의사소통	· 이성 친구와 대화 예절 연습 · 타인을 이해하고 존중하는 언어 사용하기 · 자신과 타인을 이해하고 존중하는 태도
				· 자기주장과 다를 때 거절해야 하는 이유 · 이성 친구에게 바람직한 방법으로 거절하는 표현
	(2) 서로 돕는 사회	위험한 상황에서 도움이 필요한 까닭을 이해하고 상황에 따른 적합한 도움을 선택할 줄 알며 도움에 대한 고마움을 안다.	위험상황에서의 도움	· 도움이 필요한 경우 이해 · 나를 도와 줄 수 있는 사람 알고 고마운 마음 갖기
			도움 요청하기	· 도움이 필요한 상황에 따른 적합한 도움 선택하기 · 상황에 따른 도움 방법 알고 요청하기
성 건강	(1) 남녀의 생식기 관리	남녀 생식기의 위생에 대해 이해하고 바른 관리 방법을 익혀 이를 생활화 한다.	남녀 생식기의 위생과 관리	· 남녀의 생식기 위생 · 남녀의 생식기 관리 방법 · 남녀의 생식기 건강에 좋지 않은

영역	주제	목표	내용 요소	활동 내용
사회 와 문화				옷차림 · 남녀의 생식기 건강에 알맞은 옷차림
	(1) 성폭력과 인터넷	타인의 성적 강요 행동, 성폭력의 의미를 이해하고 일상생활에서 나타나는 성폭력성 행동에 대해 예방과 대처해 나갈 수 있는 능력을 기르고, 사이버 세상의 편리성과 위험성에 대한 이해를 통해 인터넷을 이용한 성폭력 상황에 적합하게 대처할 수 있는 능력을 기른다.	타인의 성적 강요 행동	· 타인의 성적 강요 행동의 의미 · 타인의 성적 강요된 행동의 대상 및 유형
			성폭력의 의미와 예방 행동	· 성폭력의 의미 · 성폭력을 부정적으로 보는 이유 · 성폭력 피해 예방을 위한 행동 요령
				· 성폭력의 예방과 대처 사례 · 성폭력 대처 방법
				· 성폭력 예방법 요약하기 · 성폭력 예방법을 나만의 책으로 만들기 · 성폭력 예방법을 생활화하기
			인터넷을 이용한 성폭력의 대처	· 생활 속에서 인터넷의 편리한 이용 사례 · 인터넷을 이용한 성폭력 사례
				· 사이버 세상의 편리성과 위험성 · 인터넷을 이용한 성폭력 사례 대처 방법
	(2) 모두가 존중받는 사회	가정과 사회에서의 성역할의 변화에 대해 알고 문화, 인종, 종교 등에서의 다양성을 존중하며 성차별 없이 모두가 존중받는 사회 구성원으로서의 역할을 알고 실천한다.	성차별 없는 사회	· 가정과 사회에서 성 역할의 변화 · 문화, 인종, 종교 등에서의 다양성 존중 · 모두가 존중 받는 성차별 없는 사회의 이해
	(3) 음란물과 대중매체	영상 속 음란물의 종류와 문제점을 바르게 이해하고 대중매체 속에 나타나는 성문화의 문제점과 대처법을 알고 이를 일상생활에서 실천한다.	영상에 나타난 음란물	· 영상 속 음란물의 종류와 문제점 · 영상 속 음란물 대처 방법
			대중매체와 성문화	· 대중매체에 나타나는 성문화 · 대중매체 속 성문화의 문제점

영역	주제	목표	내용 요소	활동 내용
인간 발달	(1) 사춘기와 생식기관의 이해	인간의 발달과정과 사춘기 도래 시기와 특징에 대해 이해하고 남녀 생식기관의 명칭과 기능, 생식기관의 차이와 이를 보호하기 위한 방법을 안다.	사춘기의 성	· 인간발달과 사춘기 · 사춘기의 도래 시기 · 사춘기의 의미와 특징
인간 발달	(1) 사춘기와 생식기관의 이해		남녀 생식기관의 이해	· 생식기관의 명칭과 기능 · 남녀 생식기관 차이의 이해와 보호
인간 발달	(2) 태아의 발달과 출산	수정에서부터 태아의 발달과정과 아기의 출산과정을 바르게 이해하고 이를 통해 부모님께 감사하는 마음을 갖는다.	수정과 태아의 발달	· 난자와 정자의 만남 · 태아의 발달과정
인간 발달	(2) 태아의 발달과 출산		출산과정 이해	· 아기의 출산과정 · 부모님께 감사 표현
인간 발달	(3) 사춘기의 변화와 대처	사춘기의 의미와 2차 성징에 대해 바르게 이해하고 사춘기에 나타나는 신체와 심리변화를 바르게 인식하고 대처해 나가며 개인차로 인해 발생하는 신체변화에 대해 긍정적인 신체상을 갖는다.	사춘기의 신체변화와 대처	· 사춘기 신체 변화의 이해 · 사춘기 신체 변화에 대처 · 2차 성징과 호르몬의 작용
인간 발달	(3) 사춘기의 변화와 대처		사춘기의 심리변화와 대처	· 사춘기 심리 변화의 이해 · 사춘기 심리 변화와 대처 · 개인차 이해로 긍정적인 신체상 정립
인간 관계	(1) 건전한 친구 사귀기	사춘기에 나타나는 이성에 대한 관심을 바르게 표현하고 건전한 이성 친구를 사귄다.	건전한 이성 친구	· 건전한 이성 친구 사귀기 · 사춘기 시기 이성에 대한 관심을 바르게 표현하는 방법
인간 관계	(2) 결혼과 행복한 가정	결혼과 배우자 선택의 조건을 설정할 줄 알고 행복한 가정의 조건을 제시한다.	결혼과 행복한 가정의 조건	· 결혼과 배우자 선택 · 행복한 가정의 조건
대처 기술	(1) 효과적인 의사소통	동성과 이성 간 의사소통의 필요성과 방법을 알고 나 메시지 전달법을 바르게 이해하여 이를 이성 친구와의 효과적인 의사소통 방법으로 활용한다.	다양한 의사소통	· 동성과 이성 간 의사소통의 필요성 · 동성과의 효과적인 의사소통 방법
대처 기술	(1) 효과적인 의사소통		나 메시지 전달법으로 대화 나누기	· 나를 주체로 말하는 나 메시지의 의미 이해 · 나 메시지 전달법으로 이성 친구와 대화 나누기
대처 기술	(1) 효과적인 의사소통			· 이성과의 효과적인 의사소통 · 효과적인 의사소통 방법의 연습
대처 기술	(2) 윗사람에게 거절하는 방법	자기주장의 의미를 이해하고 윗사람에게 상황에 맞는 거절방법으로 자기 의사표현을 명확히 하며 필요할 경우 상황에 따른 도움을 요청한다.	상황에 맞는 거절과 도움 요청	· 자기주장의 의미 · 윗사람에게 상황에 맞는 거절 방법 · 필요한 도움 요청 방법

영역	주제	목표	내용 요소	활동 내용
성 건강	(1) 사춘기의 건강관리	사춘기 남녀 생식기의 변화와 이에 따른 바른 관리법을 알고 월경 시기에 주의해야 할 생식기 관리법의 바른 이해를 통해 이성에 대한 배려의 마음을 지닌다.	사춘기 생리 현상의 이해와 건강관리	· 사춘기 남자의 생식기 변화 · 몽정의 이해와 바른 관리법 · 사춘기 남녀의 생식기 위생 · 월경의 이해와 바른 관리법 · 사춘기의 바람직한 건강관리법 · 이성에 대한 배려의 마음 갖기
	(2) 에이즈의 이해	에이즈의 질병에 대한 이해를 높이고 에이즈의 감염경로와 예방법을 안다.	에이즈의 감염과 예방	· 에이즈의 이해 · 에이즈의 감염경로 및 예방법
사회 와 문화	(1) 강요된 행 동과 성폭력 의 대처	가족과 친척, 성폭력, 또래 성폭력에 대한 의미를 알고 일상생활에서 이들로부터 발생하는 성폭력성 행동에 대해 상황별 예방과 대처해 나갈 수 있는 능력을 길러 행복한 교실 가꾸기에 참여한다.	가족과 친척의 성적 강요 행동	· 가족과 친척의 의미 · 가족과 친척의 성적 강요 행동의 의미 · 가족과 친척의 성적인 강요 행동의 대상 및 유형
			성폭력의 상황별 예방과 대처	· 성폭력의 의미 · 초등학생의 성폭력 실태 및 사례 · 상황별 성폭력 사례 · 상황별 성폭력 예방 및 대처법
			또래 성폭력의 예방과 대처	· 또래 성폭력의 의미 · 또래 성폭력의 예방법 · 또래 성폭력의 대처 방법 · 행복한 우리교실 가꾸기
	(2) 성 차이와 성역할	성 차이와 성차별의 의미를 알고 성역할에 대한 고정관념으로부터 벗어나 양성평등한 직업관을 갖는다.	성 차이와 성 차별의 이해	· 성 차이와 성차별의 의미 · 성역할 고정관념의 이해 · 양성평등한 직업관
	(3) 대중매체 와 성	인터넷의 편리성과 위험성에 대한 이해를 통해 인터넷을 활용한 성 상품화와 성폭력 사태를 바르게 인식하고 대비하며 대중매체 속에 나타난 불편한 광고를 바로잡아 잘못된 성에 대해 바르게 이해한다.	SNS의 편리성과 위험성	· SNS을 이용한 성폭력 사례 · SNS를 이용한 성폭력의 대처와 예방법
			대중매체의 잘못된 성 광고	· 성 상품화의 의미 · 대중매체 속 불편한 광고 바로 잡기
	(4) 음란물의 대처	인터넷 음란물의 위험성을 바르게 이해하고 인터넷 음란물이 청소년에게 미치는 영향을 고려하여 인터넷 음란물의 문제점으로부터 대처하는 방법을 알고 실천한다.	인터넷에 나타난 음란물	· 인터넷 음란물의 위험성 이해 · 인터넷 음란물에 대한 대처 방법 · 인터넷 음란물이 청소년에게 미치는 영향

Ⅳ 성교육 수업 사례

교육부 성교육표준안에 근거하여 실시한 3학년 성교육 1차시 수업 사례는 다음과 같다.

1 교수 · 학습 과정안

일 시	2017.10.25. 10:50~11:30	장소	3학년 교실	대상	3학년	수업교사	
교 과	보건(성교육)	단원 (차시)	생명의 탄생과 발달(1/3)			워크북	6~8쪽

본시주제	아름다운 성
학습목표	아름다운 성의 의미를 깨닫고 일상생활에서 외모보다 내면을 중요하게 생각하는 태도를 갖는다.
수업모형	문제해결 모형

학습단계	학습 과정	교수 · 학습 활동	시간 (분)	자료(•) 및 유의점(■)
문제확인	전시 학습 상기	▶ 전시학습 상기 □ 건강을 위해 일주일간 어떤 것을 실천했나? – 손씻기, 이닦기, 운동, 휴식 영양섭취 등 ▶ 동기유발 □ 무슨 글자가 숨어있을까요? – '성' ▶ 학습문제 확인하기 ┌─────────────────────────────────┐ │ 아름다운 성의 의미를 깨닫고 내면의 아름다움을 알고 중요하 │ │ 게 생각하는 태도를 가진다. │ └─────────────────────────────────┘ ▶ 학습활동 알아보기 – 활동 1 아름다운 성 알아보기 – 활동 2 외모보다 마음의 아름다움 찾기 – 활동 3 아름다움을 자랑해요.	5 / 5′	• ppt
문제해결	전체 활동	▶ 외모보다 마음의 아름다움 찾기 □ 아름다운 사람이라고 생각하는 곳에 ○표 하기 – 친구를 도와주는 사람, 지우개를 빌려주는 사람, 자신을 소중하게 여기는 사람, 친구를 위로해 주는 사람	10′ / 25′	■ 진정한 아름다움은 내면이 아름다운

		▢ 아름다운 사람이란 어떤 사람인지 이유 쓰고 발표하기 − 얼굴이 예쁘다고 아름다운 것이 아니다. − 성을 존중하고 바르게 생각하는 마음이 중요하다.		것임을 성과 연관지어 지도

일반화	모둠 활동	▶ 아름다움을 자랑해요.
		▢ 내가 진짜 아름다운 이유 자랑하기
		 − 나는 친구들을 잘 도와줘서 진짜 아름다워
		 − 나는 웃는 얼굴이 진짜 아름다워
		 − 달리기를 잘하는 내가 아름다워
		 − 나는 나라서 그냥 아름다워
		▢ 짝의 자랑에 맞장구치기
		▢ "넌 이래서 아름다워."라고 짝에게 말해 주기
		  짝이 아름다운 이유를 찾아 짝에게 말해 준다.
		  서로의 아름다움을 칭찬한다.
			5′ / 30′	■ 내면의 아름다움과 아름다운 성을 연계시켜 지도

학습내용 정리	학습 정리	▶ 학습내용 정리하기 ▢ 아름다운 성이란 무엇인지 정리 ▢ 외모보다 마음의 아름다움의 중요성 정리하기 ▢ 아름다운 성을 위해 내가 가져야 할 마음가짐 발표하기 − 나의 성을 존중하는 마음 갖기 − 다른 사람의 성을 존중하는 마음 갖기 − 장난치지 않기 − 얼굴보다 마음을 아름답게 생각하는 마음 갖기 ▶ 활동소감 ▢ 배·느·실 쓰기 ▶ 차시예고 − 영상에 나타난 음란물	5′ / 40′	

문제탐구	전체 활동	▶ 아름다운 성 알아보기
		 − 그림을 보고 생각나는 말을 무엇인가요?
		 − 그림을 보고 생각나는 말 낱말카드에 적기
		 − 적은 낱말카드를 느낌에 따라 나눈다.
		  : 아름다운 느낌이 드는 낱말카드/아름답지 않은 느낌이 드는
		   낱말카드
		 − 구분한 낱말카드와 이유 발표하기
		▶ 아름다운 성의 모습
		 − 남자 여자가 서로 존중해 주고, 도와주고, 배려해 주는 모습
		▶ 성에 대한 아름다움은 긍정적인 낱말
		 − 각자가 생각하는 우정에 대해 이야기해 보기
		▶ 우정의 중요성 알아보기
		 − 그림을 보며 혼자 있는 학생의 기분이 어떨지 만약 내가 혼자
		  있는 학생이라면 기분이 어떨지 이야기해 보기
			10′ / 15′	● 그림카드
				■ 아름다운 성의 긍정적인 면 주지

평가계획

평가 영역	평가 기준	평가 방법
지시 이해	성의 아름다움을 알고 있는가?	학습 활동지
기능	성의 아름다움을 외모보다 마음의 아름다움에서 찾을 수 있는가?	학습 활동지
태도 가치	외모보다 마음의 아름다움을 중시하는 태도를 가지는가?	관찰 평가 학습 활동지

2 학생용 워크북

가. 성과 생활

1 아름다운 성

· 성의 의미와 내면의 아름다움을 알고, 외모보다 내면을 중시하는 태도에 대해 알아봅시다.

가 1 1 성의 아름다움을 알아요

❶ 다음 그림을 보고 생각나는 말은 무엇인지 적어 봅시다.

아기 　　　　　　　　　　　　　부끄러움

　　　　　　　　　　　　　　　　　남자, 여자

❷ 위에 내가 적은 낱말 카드를 보고, 느낌에 따라 나누어 봅시다.

아름다운 느낌이 드는 낱말 카드	어름답지 않은 느낌이 드는 낱말 카드
예) 아기, 남자, 여자	예) 부끄러움

❸ '성'은 남자와 여자가 태어나서 함께 생활하면서, 서로 존중해 주고 도와주는 모습일 때 아름답습니다. 가장 마음에 드는 낱말 카드 한 장을 찾고 그 이유를 말해 봅시다.

_____

_____

6　1. 생명의 탄생과 발달

나 1-2 외모보다 마음의 아름다움을 찾아요

❶ 아름다운 사람은 어떤 사람일까요? 아름답다고 생각하는 곳에 ○표 해 봅시다.

얼굴이 예쁜 사람   날씬한 사람   친구를 도와주는 사람   멋진 옷을 입은 사람

필요할 때 도움을 주는 사람   예쁘게 꾸민 사람   자신을 소중하게 여기는 사람   친구를 위로해 주는 사람

❷ 아름다운 사람이란 어떤 사람인지 내 생각을 적어 봅시다.

    ✍ 비싼 옷을 입기 보다 자기 몸을 깨끗하게 하는 사람

    ✍ 나와 친구를 존중해 주는 사람

_____

_____

_____

_____

진짜 아름다운 사람은 겉모습보다 마음이 아름다운 사람이에요.

1. 생명의 탄생과 발달   7

학교소재지	시, 군, 읍면, 벽지						
학생수	1학년	2학년	3학년	4학년	5학년	6학년	계
	52	58	59	68	64	53	354
학교(학생) 특성	중소도시에 위치한 학교로 학생들의 심성이 곧고 예의바르며 교우관계가 원만하며 대부분의 아동이 건강한 편이고 성격이 밝음 기초학습과 기본학습 부진 학생 감소하는 추세이며 민주적인 절차를 통하여 문제를 해결하고자 노력하여 다툼이나 폭력이 미미함 근검하는 생활을 하나 자기 물건 관리가 소홀한 면이 있으며 체력이 약함						
차시	3학년 1차시 아름다운 성						
학습목표	아름다운 성의 의미를 깨닫고 일상생활에서 외모보다 내면을 중시하는 태도를 갖는다.						
수업모형	문제해결 모형						
동기유발	성교육을 시작하는 단원이라 아름다운 성의 의미를 전달하려고 했다. 동기유발에서 ppt 자료를 이용하는 방법도 있으나 아날로그적인 학습자료가 도움이 된다고 판단하여 하트 모양의 종이를 반으로 접어 어떤 글자가 숨어있는지 질문하였다. 실제로 학생들에게 퀴즈를 내고 하트를 펼쳐보게 하였더니 학생들의 참여도가 높아졌다.						
학습활동	활동 1에서 그림카드를 보고 느낌을 적어 보는 활동을 하였는데 잘 적는 학생과 그렇지 않은 학생이 있었다. 여학생들은 열심히 적었으나 남학생들은 대충 적는 경향이 있었다. 활동 1이 동기유발로 가도 좋을 것 같다. 활동2는 외모보다 마음의 아름다움 갖기인데 일부 아이들은 날씬한 사람, 예쁘게 꾸민 사람, 멋진 옷을 입은 사람도 아름다운 사람으로 분류하기 때문에 내면의 아름다움에 대한 설명이 잘 이루어져야 하겠다. 활동3은 자신의 아름다움을 찾아보면서 자존감을 향상시키고 친구를 칭찬하는 과정을 통하여 친구를 격려해 주고 칭찬해 주는 활동인데 칭찬을 받은 아이들 중에는 부끄러워하기도 했다.						
정리 및 평가	성과 내면의 아름다움을 연결 짓는 것이 쉽지 않았다. 학습 분량이 많은 편이어서 워크북에서 일부는 생략하였다. 성교육을 처음 시작하는 단원이라 성에 대한 올바른 개념을 주어야 한다는 부담이 있었다. 또한 내면의 아름다움에 대해 정리할 필요가 있다. 학생들은 쑥스러워했지만 서로 칭찬하는 활동을 통해 친구를 이해하는 계기가 되었다.						

참고문헌

통계청, 여성가족부, 『2015 청소년 통계』, 대전: 통계청, 2015

교육부, 보건복지부, 질병관리본부, 『제 11차(2015) 청소년건강행태 온라인』, 2015

백성숙, 『보건교사를 위한 미디어 리터러시 중심 성교육 프로그램의 효과』, 서울:
　　　가톨릭대학교 대학원, 2017

이광호, 『미디어 시대에 필요한 생명과 책임의 성교육』, 교육청 교사 연수자료, 2016

http://www.wikitree.co.kr/main/news_view.php?id=317154

http://www.mimint.co.kr/article/board_view.asp?strBoardID=news&bbstype=S1
　　　N10&sdate=0&skind=&sword=&bidx=1320746&page=1&pageblock=1

09

독서는 놀이다

문주호

독서는 놀이다

문주호

I
독서광의 성공 스토리

주기적으로 포브스 선정 세계 부자 순위가 발표됩니다. 순위가 다소 바뀌기도 하지만 대체로 상위권은 큰 변동이 없습니다. 부자들의 자서전을 읽어 보면 자녀들의 독서와 본인의 독서 시간이나 방식을 철저히 고수한다는 점을 알 수 있습니다. 그들의 고집스러운 독서습관과 독서방식에 대해 하나씩 살펴보도록 하겠습니다.

1 투자의 귀재 워런 버핏

세계적인 투자가이며 평범한 할아버지 같은 인상을 가진 3자녀를 둔 워런 버핏(1930~)을 소개합니다. 그는 특이하게도 매스컴이나 공적인 자리에서 자녀에게 절대로 유산을 상속하지 않겠다고 공언하는 부자 중의 한 명입니다. 이렇게 냉정함이 있는 투자가도 독서를 매우 중요하게 생각했습니다. 그가 이야기하는 '자녀를 부자로 만드는 독서법'을 살펴보겠습니다. 첫째, 책은 잘 보이는 곳에 두어라. 둘째, 책은 신중하게 선택과 집중해서 읽어라. 셋째, 다른 사람보다 다섯 배 더 읽어라. 넷째, 중요한 책은 평생 반복해서 읽어라. 다섯째, 소설을 비롯한 교양서적과 신문, 잡지를 가까이하라. 이렇듯 책은 가깝고 친숙해야 하며, 반복해서 읽을 것을 강조한 부자 독서법을 실천하시기 바랍니다.

❷ 생각 주간(think week)을 실천하는 빌 게이츠

빌 게이츠[1955-   ]는 세계적인 부자이며 독서광입니다. 그는 '자라나면서 부모님은 항상 내가 많이 읽고 다양한 주제에 대해 생각하도록 격려했다'고 회상하고 있습니다. 그의 부모는 자녀들이 책 읽는 데 집중하도록 주중에 텔레비전 보는 것을 금지하고 주말에만 허용했습니다. 이러한 시간과 상황의 통제를 훈련받은 그는 어른이 돼서도 정기적으로 책 읽는 습관을 유지하고 있습니다. 주중에는 하루에 적어도 한 시간을 책 읽는 시간으로 할애해 놓습니다. 또한, 주말이면 책 읽는 시간을 늘립니다. 특히나 그는 가족들과 함께 '생각 주간   '을 정기적으로 갖는데, 휴가를 떠나 사업 아이디어를 구상하거나 다양한 책을 읽는다고 합니다. 이러한 '생각 주간   독서법'의 활용을 통해 세계적인 기업 'MS   '를 설립하지 않았을까요?

❸ 해리포터의 창시자 조앤 K. 롤링

해리포터 시리즈로 세계적인 베스트셀러 작가가 된 조앤 K. 롤링   도 독서광입니다. 롤링의 아버지와 어머니는 어릴 적부터 딸들에게 책을 자주 읽어 주었다고 합니다. 특히 아파서 침대에 누워 있던 자신에게 동화책을 읽어 주던 아버지의 모습이 기억에 많이 남는다고 합니다. 부모님은 그녀가 철이 들자 스스로 책을 찾아서 읽도록 했으며, 다양한 종류의 책을 사다 주었다고 합니다. 이렇게 책을 가까이 하다 보니 독서 습관이 글쓰기로 자연스럽게 발전했다고 합니다. 그녀는 동생을 첫 독자로 삼아 글쓰기 연습을 했고, 어머니도 그녀의 팬이었다고 합니다. 친구들에게 동화를 읽어주거나 재미있는 얘기를 들려주는 게 그녀의 취미였다고 하니 독서를 사랑하는 가족임을 알 수 있습니다. 그녀는 어릴 적부터 책을 읽고 거기에서 나온 아이디어를 글로 표현하는 용기가 있었습니다. 즉, 읽고 창작 글쓰기를 실천해서 세계적인 베스트셀러인 해리포터 시리즈를 탄생시킬 수 있었다고 합니다.

천재들은 과거에도 있었고, 현재에도 존재합니다. 그런데 시대가 천재라고 일컫는 그들의 일정한 패턴을 살펴보면 독서광이었다는 공통점이 있습니다. 이번에 나오는 독서 마니아인 천재들의 독서법을 소개합니다.

④ 독서로 눈이 먼 세종대왕 이도

백성을 사랑해서 한글 창제의 업적을 남긴 조선 최고의 왕 세종대왕(1397~1450)도 독서광이었습니다. 그의 독서법은 백독백습(百讀百習), 즉 100번 읽고 100번을 적는 방법입니다. 책 한 권을 100번 읽고 100번을 적는 것을 실천하면 어떤 어려운 내용도 외우고 이해되리라 생각됩니다. 1독과 1습의 시간이 가장 고비일 것입니다. 하지만 5, 6, 7…100에 가까워질수록 시간과 고통은 줄어들 겁니다. 그는 반복해서 읽고 씀으로써 머릿속에 모든 내용을 담을 만큼 책을 사랑했습니다. 그리고 한글을 만든 애민(愛民)의 군주로 역사에 길이 남아 사람들의 기억에서 살아 숨 쉬고 있습니다.

⑤ 메모의 달인 성호 이익

조선 후기의 실학자이며 만학(晚學)의 대표자 이익(1681~1763)도 독서광이었습니다. 붕당정치로 인해 형(이잠/李潛)을 잃고 그는 젊은 나이에 시골로 귀향해 칩거합니다. 시간이 흘러 가세가 기울자 학문에 뜻을 두어 40이 넘은 나이에 관직을 시작하게 됩니다. 바쁜 관직에 있을 때도 항시 붓과 벼루를 옆에 두고 책을 읽었습니다. 책을 읽다가 번뜩 떠오르는 생각이 있으면 그 순간을 놓치지 않고 즉시 메모를 하였습니다. 이를 '묘계질서법(妙契疾書法)'이라 합니다. 이러한 독서법은 이수광이나 박지원 같은 정조 시대 실학자들에게 큰 영향을 주게 됩니다.

⑥ 비록 꼴찌를 하더라도 독신(독서의 신)이 되라는 처칠

2차 세계대전의 영웅이며 영국의 총리인 처칠(1874~1965)도 독서광이었습니다. 처칠은 명연설가이며 노벨 문학상을 수상한 독신이었습니다. 독신의 독서법은 3가지로 정리됩니다. 첫째, 외국어로 독서하는 취미를 가질 것. 둘째, 아버지가 직접 권장도서 목록을 만들 것. 셋째, 비록 꼴찌를 하더라도 독서의 신이 될 것. 그의 격언은 솔선수범하는 부모의 역할과 전쟁이라는 시대가 요구하는 리더십의 필요성을 충족하기 위한 현실적인 독서법이라 할 수 있습니다.

지금까지 동서양의 독서광의 성공담과 부자들의 자녀 독서법, 유명인과 천재들의 독서법을 살펴봤습니다. "리더(Reader)가 리더(Leader)가 됩니다."라는 말도 있고, "리더(Leader) 중에 리더(Reader)가 아닌 사람이 없다."라는 말도 있습니다.

성공하거나 부자가 되기 위해서는 독서가 그만큼 중요하다는 걸 강조하기 위한 말이겠지요. 우리 아이들도 훌륭한 리더(Reader)가 되어 21세기의 멋진 리더(Leader)가 되길 바랍니다.

II
몸풀기 놀이

독서는 책을 읽는 것만이 독서는 아닙니다. 독서는 습관이기도 하지만 독서를 할 수 있는 분위기를 만들어 주는 것이 선행되어야 합니다. 그렇기에 독서는 습관이기 전에 놀이가 되어야 합니다. 집이나 학교에서 쉽게 실천할 수 있는 도미노 놀이, 보물찾기 놀이, 비비고 놀이, 탑 쌓기 놀이, 스파이더맨 놀이, 책을 펼쳐라를 소개합니다.

🎲 도미노 놀이

도미노는 경제나 사회현상을 빗대어 이야기한 것으로써 한 나라의 체제가 붕괴되면 그 여파로 이웃나라에도 미친다는 말이지요. 쉽게 이야기하자면 앞의 파도가 뒤의 파도에도 영향을 준다는 것으로 이해하시면 됩니다. 그렇기에 책을 이용하여 도미노 놀이를 실천하는 데는 무엇보다도 준비과정이 중요합니다. 책의 종류와 무게, 두께 등을 고려하여 세팅하고 연습하는 시간을 충분히 주어야 합니다. 그리고 도전하여 실패를 반복하더라도 좌절하지 말고 그 과정을 재미있게 즐기도록 해 주세요. 실패를 반복하다가 결국에 성공했을 때, 그 어떤 놀이보다도 함성과 박수가 나오는 재미있는 책 놀이입니다.

- 내용: 책장에 있는 다양한 종류의 책을 활용한 몸풀기 놀이
- 대형: 일열형/하트형
- 인원: 2명 이상
- 효과: 협동력, 집중력, 공간구성력
- 방법
  ① 책장에서 각자 5권씩 책을 가지고 오라고 합니다.
  ② 각자의 역할이나 순서를 정하도록 합니다.
  ③ 5분의 시간을 제시합니다.

④ '준비/시작'으로 놀이의 시작을 약속합니다.

⑤ 중간에 멈추거나 대형이 흐트러지면 처음부터 다시 할 수 있도록 격려합니다.

⑥ 책이 모두 연속해서 쓰러지면 성공입니다.

〈예시자료〉

일열형	하트형

〈활동사진〉

① 책장에서 각자 5권의 책을 가지고 옵니다.	② 역할을 분담하고 도미노를 만듭니다.

③ '준비/시작'에 놀이를 시작합니다.	④ 책이 모두 쓰러지면 성공입니다.

경쟁보다는 성공에 초점을 두고 하는 놀이임을 강조합니다. 또한, 놀이의 시작과 끝을 동영상으로 촬영하고 보여 주면 즐거운 추억이 됩니다.

2 보물찾기 놀이

보물찾기는 성별과 나이에 상관없이 모든 아이들이 좋아하는 놀이입니다. 특히 숨겨진 보물을 찾아서 돌아올 때 아이들의 얼굴에서 피어나는 웃음은 행복 그자체입니다. 행복을 주고 책에 대한 관심도 가질 수 있는 놀이입니다.

- 내용: 책의 주제별, 작가별, 종류별로 책을 찾는 몸풀기 놀이
- 대형: 자유대형
- 인원: 2명 이상
- 효과: 사고력, 추리력, 정보분석력
- 방법
  ① 여러 가지의 책의 지시어를 만듭니다.
  ② 하나를 선택합니다.
  ③ 5분의 시간을 제시합니다.
  ④ 지시어에 해당하는 책 10권을 찾아오게 합니다.
  ⑤ 책을 잘못 가지고 온 경우 제자리에 갖다 놓고 놀이를 계속합니다.
  ⑥ 지시어에 해당되는 책 10권을 찾아오면 성공입니다.

〈예시자료〉

단순 지시어	복합 지시어
• 남자가 주인공인 책을 찾아오세요. • 작가가 여자인 책을 찾아오세요. • 쪽수가 300쪽 이상인 책을 찾아오세요. • 자신이 읽은 책을 찾아오세요. • 동화책을 찾아오세요. • 표지가 칼라인 책을 찾아오세요.	• 동화책 중에 주인공의 이름이 4자 이상인 책을 찾아오세요. • 출판년도가 '2012~2016'년인 소설책을 찾아오세요. • 작가와 주인공이 모두 남자인 책을 찾아오세요.

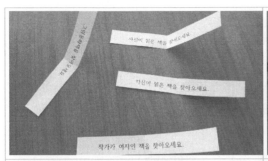

① 여러 가지의 책 지시어를 만듭니다.

② 책의 지시어 중 하나를 선택합니다.

③ 개인이나 모둠이 함께 찾습니다.

④ 책 10권을 찾으면 성공입니다.

〈참고사항〉

놀이가 시작될 때 혼자 찾기보다는 협력하여 찾기를 하도록 부모는 자녀들을 지도해야 합니다. 보물찾기 놀이가 끝난 후 책을 주제별, 작가별, 종류별로 책장 같은 칸에 정리함으로써 책장을 정리하는 청소의 효과도 있습니다.

3 비비고 놀이

요즘 아이들은 신체를 이용한 놀이를 해 본 경험이 많지 않습니다. 그래서 친구와 함께 가벼운 스킨십을 하면서 놀이를 하는 것을 매우 색다른 경험으로 생각합니다. 거기에 책을 이용해서 놀자고 하면 매우 신기해 합니다. 신기한 놀이, 색다른 놀이입니다.

　- 내용: 2명이 신체를 맞대고 사이에 책을 놓고 일정 거리를 이동하는 몸풀기 놀이

- 대형: 일열형/모둠형
- 인원: 2명 이상
- 효과: 친화력, 의사소통력, 신체조절력
- 방법
  ① 2명이 책 한 권을 가지고 오라고 합니다.
  ② 서로 등(얼굴, 어깨, 엉덩이)을 맞대고 사이에 책을 놓고 출발합니다.
  ③ 출발한 후 손을 쓰면 반칙입니다.
  ④ '준비/시작'으로 놀이의 시작을 약속합니다.
  ⑤ 책을 떨어뜨리면 떨어진 자리에서 무작위로 펼쳐서 나온 글을 모두 읽고 다시 출발합니다.
  ⑥ 책을 떨어뜨리지 않고 목적지까지 도착하면 성공입니다.

〈예시자료〉

등 맞대기	엉덩이 맞대기

 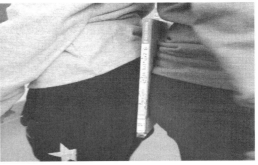

〈활동사진〉

 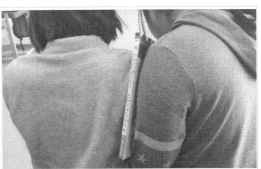

① 2명이 책 한 권을 준비합니다.	② 어깨를 맞대고 사이에 책을 놓고 출발합니다.

③ 책을 떨어뜨리면 무작위로 펼쳐 글을 모두 읽고 놀이를 계속합니다.

④ 목적지까지 도착하면 성공입니다.

〈참고사항〉

놀이에 사용하는 책은 동화책이나 그림책이 좋습니다. 소설책일 경우 놀이가 끝날 때까지 책을 계속 읽어야 하는 황당한 상황이 전개됩니다.

4 탑 쌓기 놀이

"공든 탑이 무너지랴."라는 말을 들어보셨나요? 정말로 공을 들여야 잘 쌓을 수 있는 탑 쌓기 놀이입니다. 아래에는 가급적 두껍고 튼튼한 재질의 책으로 기초를 쌓아야 무너지는 불상사를 막을 수 있습니다. 처음 시도할 때는 아이들이 마구잡이로 쌓다가, 몇 번의 실패를 경험하면 나름대로 설계자와 건축가가 되어 진지하게 고민하며 놀이에 참여하는 모습을 보게 됩니다. 공을 들여서 자신들만의 멋있는 건축물을 만들어 내는 놀이입니다.

- 내용: 책을 사용하여 얼마나 높은 탑을 쌓을 수 있는지 도전하는 놀이
- 대형: 자유대형
- 인원: 2명 이상
- 효과: 공간지각력, 이해력, 실천력
- 방법
  ① 책장에서 각자 5권씩 책을 가지고 오라고 합니다.
  ② 탑 쌓을 방법에 대해 1분 동안 논의할 시간을 줍니다.
  ③ 역할을 정하고 각 층별로 책을 쌓아 올립니다.
  ④ 5분의 시간제한을 두어 놀이가 지연되지 않도록 합니다.

⑤ 탑의 모양이 다 갖추어진 후 모두가 10까지 숫자를 외치면 성공으로
　간주합니다.

⑥ 탑 옆에서 기념사진을 찍어서 소중한 추억을 만듭니다.

〈예시자료〉

기둥형	복합형	에펠탑형

〈활동사진〉

① 각자 5권의 책을 준비합니다.	② 탑 쌓을 방법을 논의합니다.	③ 탑을 쌓아 올립니다.	④ 완성된 탑 뒤에서 기념사진을 찍습니다.

〈참고사항〉

아래는 무거운 책으로, 기둥은 두꺼운 책을 사용하여 탑을 쌓으면 높이 올릴
수 있습니다. 차츰 능숙해지면 제한시간을 줄여서 1분으로 실시합니다.

5 스파이더맨 놀이

영화 속에 스파이더맨은 거미능력을 가진 초능력자로 나옵니다. 아이들도 스파이더맨이 되어서 자신의 신체에 책을 올리고 이동하는 경험을 할 수 있는 놀이입니다. 친구들의 몸에 있는 책의 위치를 바꾸어 진행할 때마다 난이도가 점점 올라가면서 친구들의 재미있는 모습을 볼 수도 있습니다. 아이들의 재치와 장난기를 모두 볼 수 있는 놀이입니다.

- 내용: 신체의 한 부분에 책을 놓고 인사하는 몸풀기 놀이
- 대형: 자유대형
- 인원: 4명 이상
- 효과: 친화력, 조정력, 의사소통력
- 방법
  ① 각자 책 1권을 준비합니다.
  ② 자신의 신체 한 부분에 책을 올립니다.
  ③ '준비/시작'으로 놀이의 시작을 약속합니다.
  ④ 책이 떨어지지 않게 주의하며 친구에게 이동하여 인사를 합니다.
  ⑤ 인사가 끝나면 상대편 책의 위치를 바꾸어 줍니다.
  ⑥ 인사가 모두 끝나면 '그만'으로 놀이를 마무리합니다.

〈예시자료〉

어깨에 올리기   발등에 올리기

<활동사진>

① 책 1권을 준비합니다.

② 자신의 신체 한 부분에 책을 올립니다.

③ 친구에게 이동하여 인사합니다.

④ 인사가 끝나면 상대편 책의 위치를 바꿉니다.

<참고사항>

　　이동 시 책을 떨어뜨리거나 인사가 끝나면 상대편 책의 위치를 바꾸어 줍니다. 대부분은 점잖게 책의 위치를 정해 주지만 일부러 허리 위나 발등에 올려놓는 개구쟁이가 나옵니다. 이런 장난스러운 행동도 이해하고 즐기는 놀이입니다.

6 책을 펼쳐라

　　행운의 여신이 손을 들어주어야 이길 수 있는 '운(luck)'이 필요한 놀이입니다. 운은 놀이의 여러 가지 요소 중에서 빠질 수 없는 요소이지요. 놀이 중에 너무 강하게 책을 펼쳐서 책이 파손되지 않도록 힘을 줄여서 하는 것을 권장합니다. 나의 행운의 여신이 오늘 웃어줄지, 울어줄지를 체험할 수 있는 복불복 놀이입니다.
　　－ 내용: 행운이 따라 주어야 이길 수 있는 몸풀기 놀이
　　－ 대형: 마주보기형
　　－ 인원: 2명 이상
　　－ 효과: 순응력, 산수력, 시각력

‒ 방법

① 2명이 각자 동화책(그림책) 1권을 준비합니다.

② 서로 마주 봅니다.

③ '하나, 둘, 셋' 구령에 맞추어 책을 무작위로 펼칩니다.

④ 책은 상대편이 잘 볼 수 있도록 펼친 후에 줍니다.

⑤ 책의 양쪽에 나타난 '글자수(사람수)'가 많은 사람이 승리합니다.

⑥ 5판 3승제로 운영합니다.

〈예시자료〉

글자 방식	쪽수 방식
• '글자'가 많은 사람이 승리합니다. • '이름'이 많이 나온 사람이 승리합니다. • 글자를 빨리 읽은 사람이 승리합니다.	양쪽의 쪽수를 모두 합하여 큰 수가 나온 사람이 이기는 방식입니다. 설명하자면 120/121쪽이 나온 경우 $1+2+0+1+2+1=7$이 되고, 72/73쪽이 나온 경우 $7+2+7+3=19$로 19가 이기는 방식입니다.

〈활동사진〉

① 2명이 책을 1권씩 준비합니다.

② 서로 마주 봅니다.

③ '하나, 둘, 셋' 구령에 맞추어 책을 무작위로 펼쳐 상대편에게 줍니다.

④ 책에 나타난 '글자수(사람수)'가 많은 사람이 승리합니다.

경쟁보다는 즐거움에 초점을 맞춘 놀이입니다. 놀이가 끝나면 책을 서로 바꾸어서 해 보도록 하면 불평이 없습니다. 더 나아가서 '펼친 책에 나온 글자를 누가 빨리 읽는가?'를 하면 놀이에 참가하는 모든 아이들이 정신없이 책을 읽고 집중하는 모습을 보이는 놀이입니다.

Ⅲ
찾기 놀이

책을 읽고 나서 어떤 놀이가 좋을지를 고민해 보셨나요? 대부분의 아이들은 자신이 고른 책을 다 읽기가 무섭게 다른 책을 읽기 시작합니다. 이러한 독서 습관은 나쁜 것은 아니지만 효율적이지 않다고 합니다. 책을 읽고 나서 내용이나 등장인물들에 대해서 다시 한 번 더 찾아보고, 짚어 보는 기회를 통해 책 속의 장면, 생각, 느낌을 내면화할 수 있습니다. 공부하라고 하면 하기 싫어하지만 놀자고 하면 좋아하는 것이 사람의 마음입니다. 자연스럽게 학습적인 내용을 재미있는 놀이로 풀어 주는 반쪽을 찾아라, 책 제목 맞추기, 문장 퍼즐 맞추기, 내가 누구일까요?, 엉망진창 놀이를 소개합니다.

1 반쪽을 찾아라

아이들은 책의 제목은 잘 기억하는데 글쓴이는 잘 기억을 못합니다. 그러한 아이들을 위해 하는 놀이가 반쪽을 찾아라입니다. 이 놀이를 통해 자연스럽게 글쓴이와 제목을 연결하고 더 나아가서 글쓴이의 다른 책의 제목을 접하고 읽어 볼 수 있는 기회를 제공합니다. 간단하면서도 책에 대한 기본적인 생각을 정리해 줄 수 있는 놀이입니다.
- 내용: 책 속 주인공과 작가를 연결하는 놀이
- 대형: 원형/사각형
- 인원: 2명 이상
- 효과: 기억력, 집중력, 다독력

‒ 방법

① 카드를 준비합니다(최소 3장, 최대 10장).

② 반으로 나누어서 작가와 주인공을 적습니다.

③ 무작위로 섞은 후 책상 위나 바닥에 줄을 맞추어 한 장씩 놓습니다.

④ 순서를 정해서 한 명씩 나와 2개의 카드를 동시에 뒤집습니다.

⑤ 작가와 주인공이 다르면 카드는 원위치에 놓고 다음 차례가 카드를 뒤집어서 맞으면 해당 카드를 갖습니다.

⑥ 카드를 많이 맞추는 개인/모둠이 우승을 차지합니다.

〈예시자료〉

유아/초등학교 저학년

안데르센	인어공주
그림 형제	백설공주
이솝	토끼와 거북이
생텍쥐페리	어린왕자
샤를 페로	신데렐라
루이스 캐럴	이상한 나라의 앨리스
제이콥스	아기돼지 삼형제
허균	홍길동전
제임스 배리	피터팬
프랭크 바움	오즈의 마법사

초등학교 중학년/고학년

J.K.롤링	해리포터
김유정	봄봄
헤밍웨이	노인과 바다
오승은	서유기
톨스토이	바보 이반
모파상	목걸이
알퐁스 도데	별
오 헨리	마지막 잎새
황선미	마당을 나온 암탉
나관중	삼국지

〈활동사진〉

① A4를 4등분하여 카드를 준비합니다.

② 반으로 나누어 작가와 주인공을 적습니다.

③ 2개의 카드를 동시에 뒤집습니다.   ④ 짝을 맞춘 카드는 갖습니다.

〈참고사항〉

가정(학급)이나 도서관에 구비된 책을 중심으로 카드를 제작합니다. 제목의 뒷면에는 동그라미로 표시해서 글쓴이와 구분합니다.

② 책 제목 맞추기

책 제목과 내용을 연결하는 놀이입니다. 등장인물이나 사건, 장소 등의 카드를 보고 책의 제목을 맞추는 놀이죠. '반쪽을 찾아라'보다는 조금 더 책의 내용을 상세히 알고 있어야 즐겁게 참여할 수 있는 놀이입니다.

- 내용: 책의 제목과 관련된 내용을 설명한 그림이나 단어를 보고 맞추는 놀이
- 대형: 원형/사각형
- 인원: 2명 이상
- 효과: 직관력, 독해력, 집중력
- 방법
  ① 쪽지에 사건, 장소, 등장인물을 각 2개씩 적습니다.
  ② 적은 쪽지를 제비뽑기에 알맞게 접습니다.
  ③ 접은 쪽지는 꺼내기 쉬운 통이나 책상 위에 위치시킵니다.
  ④ 한 명이 무작위로 쪽지를 뽑고 남은 개인/모둠에게 읽어 줍니다.
  ⑤ 팀 경기인 경우 쪽지를 먼저 꺼낸 팀이 우선적으로 맞출 수 있는 권리가 있습니다.

⑥ 책의 제목을 많이 맞추는 개인/모둠이 우승을 차지합니다.

〈예시자료〉

유아/초등학교 저학년	
인어공주	폭풍/구조 바다/왕궁 인어/왕자
백설공주	독사과/거울 숲속/궁전 왕비/왕자
토끼와 거북이	달리기/낮잠 초원/언덕 토끼/거북이
어린왕자	장미/우주여행 지구/사막 보아뱀/왕자
신데렐라	12시/구두 다락방/무도회 요정/왕자
이상한 나라의 앨리스	여행/환상 토끼굴/집 앨리스/카드병정
아기돼지 삼형제	배고픈 늑대/집짓기 벽돌집/나무집 돼지/삼형제
홍길동전	변신술/의적 조선/율도국 탐관오리/길동
피터팬	악어/요정가루 네버랜드/땅속집 후크/피터
오즈의 마법사	회오리바람/마법사 오즈/노란길 도로시/토토

초등학교 중학년/고학년	
해리포터	마법사/고아 호그와트/기차역 덤블도어/볼드모트
봄봄	머슴살이/데릴사위 혼인/시골 점순이/나
노인과 바다	낚시/청새치 바다/산티아고 노인/마놀린
서유기	도술/여의봉 천축/오행산 삼장법사/제천대성
바보 이반	세형제/악마 러시아/농경사회 바보/톨스토이
목걸이	분실/허영심 프랑스/파티 마틸드/보석
별	폭우/짝사랑 별장/밤 양치기/아가씨
마지막 잎새	겨울/폐병 뉴욕/예술가촌 무명 화가/담쟁이
마당을 나온 암탉	계란/닭 마당/농장 초록머리/잎싹
삼국지	의형제/적벽대전 위/촉 제갈공명/조조

<활동사진>

① A4를 3등분으로 접습니다.

② 사건, 장소, 인물을 2개씩 적습니다.

③ 제비뽑기로 한 개를 뽑습니다.

④ 종이를 뽑은 사람이 단어를 읽어 주고 나머지는 제목을 맞춥니다.

<참고사항>

쪽지에 적힌 단어를 보고 엉뚱한 책의 제목을 말할 때 웃음을 주는 놀이입니다. 엉뚱한 책의 제목을 이야기할 때 줄거리를 설명해 보라고 하면 이야기 도중에 자신이 틀렸다는 것을 깨닫고 쑥스러워 하는 모습을 보여 주기도 합니다.

3 문장 퍼즐 맞추기

책의 줄거리를 재료로 하는 놀이입니다. 줄거리를 퍼즐처럼 맞추어 나가면서 이야기를 순서대로 구성하는 경험을 통해 책의 내용을 전체적으로 연결하고 종합하는 사고력을 향상시킵니다.
- 내용: 책의 줄거리를 활용하여 문장을 조합하는 놀이
- 대형: 자유대형
- 인원: 2명 이상

– 효과: 발표력, 문장이해력, 구성력
– 방법
  ① 각 개인/모둠이 책의 제목과 줄거리를 정리합니다. 이때 개인별(모둠별)로 읽은 책은 달라야 합니다.
  ② 해당 내용의 줄거리를 요약하고 퍼즐판에 내용을 적습니다.
  ③ 퍼즐판을 4조각으로 자릅니다.
  ④ 4조각을 무작위로 섞어 다른 모둠에게 제시합니다.
  ⑤ 조각을 받은 모둠은 이야기 순서대로 쪽지에 순서를 적어 퍼즐판을 완성합니다.
  ⑥ 모든 조각을 다 맞춘 후 줄거리를 발표합니다.

〈예시자료〉

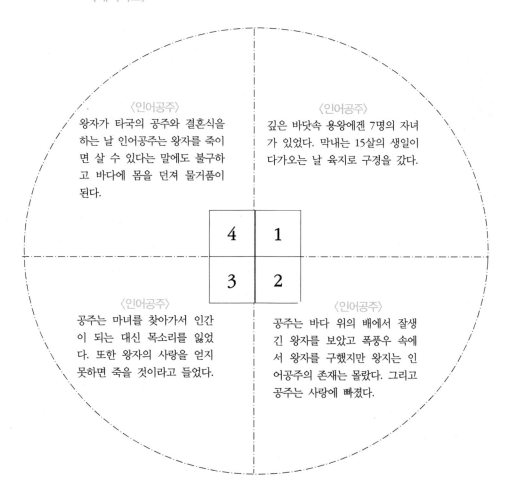

〈활동사진〉

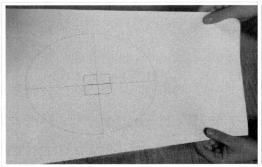

① 각 개인/모둠이 책의 제목과 줄거리를 정리한 후 문장 퍼즐 밑그림을 받습니다.

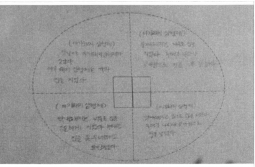

② 해당 내용의 줄거리를 요약하고 퍼즐판에 내용을 적습니다.

③ 퍼즐판을 4조각으로 잘라서 무작위로 섞어 다른 모둠에게 제시합니다.

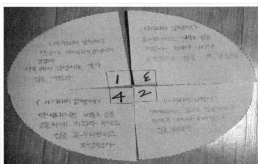

④ 모든 조각을 다 맞춘 후 줄거리를 발표합니다.

〈참고사항〉

문장 퍼즐 맞추기 놀이는 고학년에 실시하고 저학년의 경우에는 문단이나 단원 퍼즐 맞추기 활동이 적절합니다. 즉 단원 이어가기 → 문단 이어가기 → 문장 이어가기의 순으로 놀이를 진행하는 것이 좋습니다. 처음에는 4조각에서 시작하여 나중에는 8조각으로 수준을 높이도록 합니다.

4 내가 누구일까요?

책 속의 등장인물에 대한 성격이나 특징 등을 활용한 놀이입니다. 자신에게 붙인 책 속 주인공이 누구인지 맞추기 위한 질문을 구성하는 능력을 키워 줍니다.
· 질문과 동작을 주고받으면서 교실은 시끌벅적한 만남의 장소가 됩니다.
  – 내용: 책 속 주인공과 등장인물을 활용한 친교 놀이

- 대형: 자유대형
- 인원: 4명 이상
- 효과: 친화력, 질문력, 추리력
- 방법
  ① 자신이 읽은 책의 주인공이나 등장인물의 이름을 종이에 적습니다.
  ② 친구의 등에 종이를 붙입니다.
  ③ 친구에게 질문을 해서 이름을 예상하여 맞춥니다.
  ④ 한 명에게 1가지의 질문만 허락합니다.
  ⑤ 질문을 받은 친구는 제스처나 "예"와 "아니오"로만 대답합니다.
  ⑥ 주인공을 맞춘 친구도 다른 친구들의 질문에 성실히 답합니다.

〈예시자료〉

유아/초등학교 저학년
인어공주
백설공주
토끼와 거북이
어린왕자
신데렐라
앨리스
홍길동
피터팬
도로시

주인공은 사람인가요?
주인공은 남자인가요?
이름이 세 글자인가요?
싸움을 잘 하나요?
마법을 할 줄 아나요?
실제 인물인가요?
첫 자가 'ㅇ'인가요?
어린 아이인가요?
나쁜 사람인가요?

초등학교 중학년/고학년
해리포터
점순이
마놀린
손오공
이반
마틸드
존시
잎싹
유비

〈활동사진〉

① A4를 2등분으로 접습니다.

② 주인공의 이름을 적습니다.

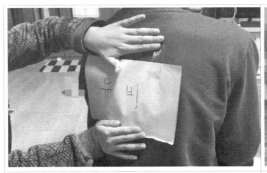

③ 친구의 등에 종이를 붙입니다.

④ 친구의 질문에 "예"와 "아니오"로 대답합니다.

<참고사항>

책을 선정하고 읽음에 있어 유아/저학년은 동화책을, 중/고학년은 단편소설부터 시작합니다.

5 엉망진창 놀이

아이들의 창의성과 임기응변 능력을 볼 수 있는 놀이입니다. 두 개의 앞, 뒤 문장을 무작위로 골라서 읽으면서 왜 자신이 고른 내용의 등장인물이 그러한 행동이나 생각, 말을 했는지를 재미있고 독특하게 설명해야 합니다. 재미있고 엉뚱한 문장을 통해 재미와 순발력을 볼 수 있는 놀이입니다.

- 내용: 책 속 주인공의 행동이나 생각을 적은 내용으로 창의적인 발상을 이끌어 내는 놀이
- 대형: 원형/사각형
- 인원: 4명 이상
- 효과: 창의력, 이해력, 임기응변력
- 방법
  ① 책 속 주인공의 행동이나 생각을 상상하여 적습니다.
  ② 문장을 2개로 나눕니다.
  ③ 문장 앞부분에 해당되는 카드의 뒷면에는 동그라미를 표시합니다.
  ④ 마구 섞은 후 무작위로 문장 앞부분과 뒷부분을 각 한 개씩 골라서 한 명이 읽습니다.
  ⑤ 그리고 그 문장의 내용을 자유롭게 상상하며 친구들에게 설명합니다.

⑥ 재미있고 엉뚱한 문장은 친구들과 함께 읽습니다.

〈예시자료〉

유아/초등학교 저학년

인어공주는	왕자를 사랑했습니다.
백설공주는	독사과를 먹었습니다.
토끼와 거북이는	달리기를 하였습니다.
어린왕자는	지구인이 아닙니다.
신데렐라는	마음씨가 착합니다.
이상한 나라의 앨리스는	남자가 아닙니다.
아기돼지 삼형제는	늑대를 무서워합니다.
홍길동은	싸움을 잘합니다.
피터팬은	하늘을 날아다닙니다.
오즈는	집에 가고 싶어 합니다.

초등학교 중학년/고학년

해리포터는	마법을 사용합니다.
점순이는	시골에 살고 있습니다.
마놀린은	할아버지를 존경합니다.
손오공은	악당을 물리쳤습니다.
바보 이반은	진짜 바보입니다.
마틸드는	돈을 벌어야 했습니다.
목동은	아가씨를 사랑했습니다.
존시는	많이 아팠습니다.
잎싹은	양계장을 나왔습니다.
유비는	백성을 사랑했습니다.

〈활동사진〉

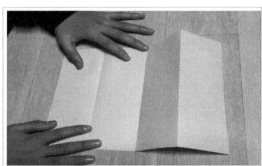

① A4를 4등분합니다.

② 주인공의 행동이나 생각이 담긴 문장을 2부분으로 나눕니다.

③ 섞여있는 카드를 무작위로 2개 뽑습니다.

④ 뽑힌 문장을 읽습니다.

연습을 충분히 한 후에 문장을 3개, 4개로 나누어 섞으면 더욱더 재미있는 엉망진창 놀이가 됩니다.

Ⅳ
맞추기 놀이

책을 읽고 다양한 학습활동과 연계하여 학급이나 가정에서 사용할 수 있는 놀이로 구성하였습니다. 찾기 놀이로 워밍업이 된 아이들과 함께 본격적인 책 놀이에 해당하는 맞추기 놀이를 실천해 보세요. 암호, 빙고, 대본 등 다양한 소재를 활용한 퓨전식 책 놀이인 암호를 풀어라, 등판이 칠판, 무작정 맞추기, 몽타주 놀이, 페르미 추정을 소개합니다.

1 암호를 풀어라

자음과 모음을 활용한 암호문을 푸는 놀이입니다. 책의 내용뿐만 아니라 암호를 해석하는 능력을 키워줍니다. 더불어 친구와의 정보공유를 통해 협업하여 문제를 해결하는 놀이입니다.

- 내용: 제시한 암호를 풀고 책의 제목 맞추는 놀이
- 대형: 자유대형
- 인원: 3명 이상
- 효과: 추리력, 문제해결력, 실천력
- 방법
  ① 자음과 모음에 해당하는 암호문을 줍니다.
  ② 암호문을 사용하여 단어(이름, 장소 등)를 만드는 연습을 합니다.
  ③ 문제가 적힌 종이를 개인이나 모둠에게 전달합니다.
  ④ 5분의 시간을 줍니다.
  ⑤ 저학년은 1개, 중학년은 2개, 고학년은 3개의 문제를 제시합니다.
  ⑥ 암호문을 풀고 정답에 해당하는 책을 찾습니다.

〈예시자료〉

암호	문장
자음: 1→ㄱ, 2→ㄴ, 3→ㄷ, 4→ㄹ, 5→ㅁ, 6→ㅂ, 7→ㅅ, 8→ㅇ, 9→ㅈ, 10→ㅊ, 11→ㅋ, 12→ㅌ, 13→ㅍ, 14→ㅎ	문제: 7E 2A 1J 정답: 소나기
모음: A→ㅏ, B→ㅑ, C→ㅓ, D→ㅕ, E→ㅗ, F→ㅛ, G→ㅜ, H→ㅠ, I→ㅡ, J→ㅣ	문제: 14EA8 7G2 8GC2 8IJ / 6J 4I4 / 7E 9AJ 4E / 14A2 / 9A1 13G5 해석: 황순원의 / 비를 / 소재로 / 한 / 작품 정답: 소나기

〈활동사진〉

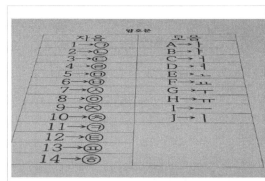	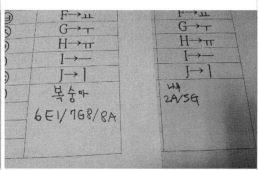
① 암호문을 나누어 줍니다.	② 암호문을 사용하여 연습을 합니다.
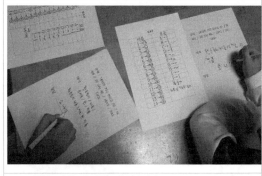	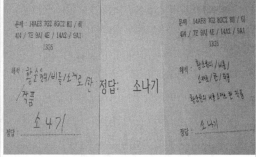
③ 문제가 적힌 종이를 전달합니다.	④ 암호문을 풀고 책을 가져 옵니다.

〈참고사항〉

알파벳이나 아라비아 숫자의 순서를 이용한 암호방식을 카이샤르 암호문이라 합니다. 책의 줄거리, 주인공 등 다양한 방법으로 문제 제시가 가능합니다.

❷ 등판이 칠판

조용한 분위기 속에서 이루어지는 침묵의 놀이입니다. 책의 제목, 주인공, 핵심 단어 등을 제공하여 모둠원이 한 마음으로 주어진 과제를 해결하는 전달 놀이입니다.

- 내용: 스피드와 침묵이 함께 이루어지는 놀이
- 대형: 일열형
- 인원: 3명 이상
- 효과: 집중력, 표현력, 의사소통능력
- 방법
  ① 모둠별로 한 줄로 대형을 만들어 의자에 앉거나 바닥에 앉습니다.
  ② 첫 번째 전달자가 책(글자, 그림)을 보고 다음 전달자에게 전달합니다.
  ③ 침묵 속에서 손가락을 이용하여 등판에 글자를 전달합니다.
  ④ 제한시간은 5분입니다. 단 인원이 적거나 많으면 시간을 조정합니다.
  ⑤ 마지막 전달자는 답지(보드판)에 적습니다.
  ⑥ 책과 답지가 맞으면 성공입니다.

〈예시자료〉

글자 　　　　　　　　　　　　　　그림

출처: 셔터스톡

① 1개의 줄로 앉습니다.

② 책을 제시합니다.

③ 제목을 등판에 적어 전달합니다.

④ 문제와 답지가 맞으면 성공입니다.

〈참고사항〉

　글자로 표현하는 것이 익숙해지면 그림으로 제목, 주인공 등을 표현하도록 합니다. 간혹 간지럽다고 소리를 지르거나 뒤를 돌아보는 경우가 있습니다. 이러한 장난도 놀이의 한 일부분이니 너그럽게 넘겨야 합니다.

3 무작정 맞추기

　빙고판을 이용한 맞추기 놀이입니다. 해당 놀이를 하고자 한다면 모든 아이들이 독서가 완료되고 나서 시행해야 합니다. 빙고판의 칸수는 유아는 2×2, 초등은 4×4부터 시작하는 것이 좋습니다.

　　－ 내용: 빙고판을 이용하여 책의 제목이나 주인공을 맞추는 놀이
　　－ 대형: 자유대형
　　－ 인원: 2명 이상
　　－ 효과: 분석별, 추리력, 연관력

- 방법

① 빙고판(4×4)을 준비합니다.

② 문제를 적습니다.

③ 개인이나 모둠별로 읽은 책의 제목을 단어별로 적습니다.

④ 제한시간은 퍼즐 한 개당 2분입니다.

⑤ 저학년은 1개, 중학년은 2개, 고학년은 3개의 문제를 제시합니다.

⑥ 정답을 찾으면 성공입니다.

〈예시자료〉

가로, 세로, 대각선 배치			
파	란	나	라
오	리	고	기
골	목	대	장
솔	로	몬	왕

힌트

- 작가나 스토리를 알려줍니다.
- 글자 수나 첫 자는 알려줍니다.

정답: 파리대왕

무작위 배치			
아	다	가	자
총	파	차	나
사	바	마	리
대	라	송	왕

〈활동사진〉

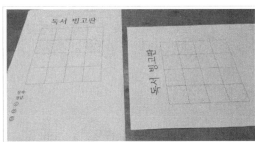

① 빙고판을 준비합니다.

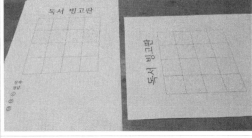

② 문제를 만들고 빙고판에 적습니다.

③ 제한시간은 2분입니다.

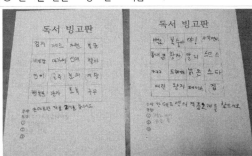

④ 정답을 찾으면 성공입니다.

빙고판은 4×4 → 5×5 → 6×6 형태로 확장해 나갑니다. 고학년은 책 속의 명언이나 문장을 활용하는 것도 좋습니다.

4 몽타주 놀이

책의 줄거리 순서에 맞추어 각 장면에 대한 정확한 묘사가 담긴 사진이나 그림을 제작합니다. 장면이 모여 전체적인 연결을 나타내는 대본을 활용한 놀이입니다.

- 내용: 책의 줄거리를 사진이나 그림을 이용하여 이야기 순서대로 정리하는 놀이
- 대형: 자유대형
- 인원: 2명 이상
- 효과: 표현력, 편집력, 종합력
- 방법
  ① 책의 제목을 선정하면 몽타주 틀을 제시합니다.
  ② 줄거리를 정리합니다.
  ③ 줄거리와 관련된 사진이나 그림을 제작합니다.
  ④ 사진은 모둠원이 모델이 되어 표정이나 몸짓을 찍은 사진을 활용합니다.
  ⑤ 제한시간은 10분입니다.
  ⑥ 책의 줄거리를 사진이나 그림을 활용하여 표현합니다.

〈예시자료〉

2단

제목: 인어공주 줄거리 인어공주가 바닷속을 수영하다가 왕자를 구하고 그로 인해 인간이 됩니다.	2. 왕자의 사랑을 못 얻고 왕자를 죽여 자신이 인어가 되기보다는 자신의 사랑을 지키고 물방울이 됩니다.

3단

제목: 인어공주 줄거리 바닷속 인어공주가 등장합니다.	2. 왕자와 만나 인간이 되고자 소망합니다.	3. 왕자의 사랑을 위해 바다에 몸을 던져 물방울이 됩니다.

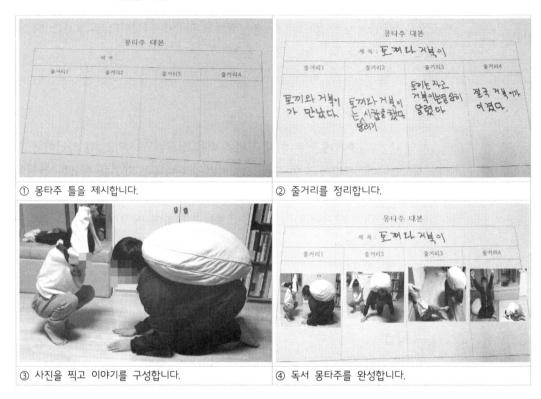

① 몽타주 틀을 제시합니다.

② 줄거리를 정리합니다.

③ 사진을 찍고 이야기를 구성합니다.

④ 독서 몽타주를 완성합니다.

〈참고사항〉

표정이나 몸짓을 사실감 있게 표현하는 연극적 요소와 역할을 찍고 편집하는 영화적 요소가 함께 어우러지는 놀이입니다.

5 페르미 추정

여러 가지 상황을 판단하고 유추해 내는 종합적인 사고력을 요구하는 놀이입니다. 답에 가까운 구체적이고 정확한 과정을 설계하고 그에 따른 수학적인 사고력을 발달시켜 주는 놀이입니다.

- 내용: 페르미 추정을 활용한 창의적 사고방식을 키워주는 놀이
- 대형: 'ㄷ'대형
- 인원: 3명 이상
- 효과: 추측력, 사고력, 가설력
- 방법

① 문제를 제시합니다.
② 5분간 토의 시간을 갖습니다.
③ 보드판이나 활동지에 내용을 정리합니다.
④ 정리한 내용을 발표합니다.
⑤ 다른 발표자의 의견을 듣고 질문합니다.
⑥ 가장 훌륭한 페르미의 추정을 표(거수)로 선정합니다.

〈예시자료〉

유아/초등학교 저학년	초등학교 중학년/고학년
• 집안에 있는 동화책은 모두 몇 권입니까? • 집안에 있는 동화책을 모두 합한 가격은 얼마입니까?	• 작가가 이 책을 쓰는데 몇 시간이 필요했을까? • 내가 지금까지 읽은 책을 쌓는다면 높이는 얼마나 될까?

〈활동사진〉

① 문제를 제시합니다.

② 토의 시간을 갖습니다.

③ 내용을 정리합니다.

④ 가장 훌륭한 페르미의 추정을 선정합니다.

어떠한 문제에 대해 기초적인 지식과 논리적 추론만으로 짧은 시간 안에 대략적인 근사치를 추정하는 방법을 페르미의 추정이라 합니다. 페르미 추정은 정확한 답을 요구하기보다 스스로 가설을 세우고 문제를 해결해 나가는 과정을 중시합니다.

V
정리 놀이

정리 놀이는 찾기 놀이, 맞추기 놀이를 충분히 경험하고 나서 마지막으로 정리하는 단계에서 실시하는 놀이입니다. 한 권뿐만 아니라 여러 권의 책을 읽고 그 느낌이나 다양한 생각을 여러 사람에게 전달하거나 발표하는 형식의 딱지치기, 원작의 감동을 느껴라, 묵독 파티, 책 버킷 놀이를 소개합니다.

1 딱지치기

역동적인 놀이인 딱지치기를 통해 재미와 경쟁을 함께 경험할 수 있도록 하였다. 대다수의 책 놀이는 정적입니다. 딱지치기는 아쉬움과 승리의 탄성이 함께 어우러지는 활동적인 놀이입니다.

- 내용: 전통놀이 딱지치기와 독서 감상문을 접목한 놀이
- 대형: 자유대형
- 인원: 2명 이상
- 효과: 운동력, 판단력, 사고력
- 방법
  ① 자신이 읽은 책 3권을 가져옵니다.
  ② 색종이 2장에 느낀 점＋줄거리를 간략하게 적습니다.
  ③ 적은 색종이를 활용하여 개인당 3개의 딱지를 접습니다.
  ④ 딱지치기 놀이를 시작합니다.
  ⑤ 자신의 딱지가 넘어가면 종이를 풀어서 쓴 내용을 읽어 줍니다. 상대편은 듣고 자신의 생각을 자유롭게 말합니다.

⑥ 내 딱지 3개가 모두 넘어가면 상대편도 남은 딱지를 풀어 쓴 내용을
읽어 줍니다.

〈예시자료〉

색종이 딱지 접는법 1   색종이 딱지 접는법 2

〈활동사진〉

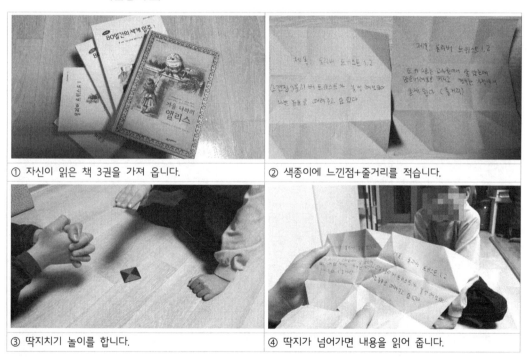

① 자신이 읽은 책 3권을 가져 옵니다.   ② 색종이에 느낀점+줄거리를 적습니다.

③ 딱지치기 놀이를 합니다.   ④ 딱지가 넘어가면 내용을 읽어 줍니다.

〈참고사항〉

딱지치기를 할 때는 청소를 하고 바닥에서 해야 합니다. 주고받는 딱지치기
를 통해 책에 대한 생각을 공유하는 놀이입니다.

2 원작의 감동을 느껴라

책을 무조건 읽으라고 하기보다는 원작인 책을 기반으로 한 영화를 먼저 한 편 보는 것은 어떨까요? 영화를 통해 책에 대한 호기심과 영화와 책의 차이점이 무엇인지 찾아보는 흥미진진한 시간을 만들어 보세요.

- 내용: 영화와 책을 통해 감동을 체험하는 놀이
- 대형: 자유대형
- 인원: 2명 이상
- 효과: 예술력, 감성력, 창작력
- 방법
  ① 책장에 구비된 책과 관련된 영화를 시청합니다.
  ② 작품의 원작을 책장에서 찾습니다.
  ③ 책을 읽을 시간을 10분 줍니다.
  ④ 책의 내용을 정리합니다.
  ⑤ 영화와 책의 다른 점과 같은 점에 대해 발표합니다.
  ⑥ 발표 내용을 가지고 자유토론을 합니다.

〈예시자료〉

영화	책(원작)

출처: 영화 〈80일 간의 세계일주〉, 1989

출처: 영화 〈올리버 트위스트〉, 1968

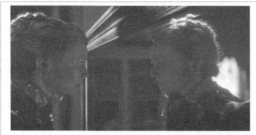

출처: 영화 〈거울나라의 앨리스〉, 2016

〈활동사진〉

① 영화를 시청합니다.

② 책(원작)을 찾습니다.

③ 책의 내용을 정리합니다.

④ 자유토론을 합니다.

〈참고사항〉

　　영화를 먼저 보아야 합니다. 책의 종류는 동화책, 단편소설이 좋습니다. 원작의 힘은 작품의 풍부한 감성과 시대적 흐름을 정확히 읽음으로써 독서에 대한 다양한 시각을 발전시켜주고, 더 나아가서 창작 글쓰기로 발전할 수 있습니다. 반대로 책을 먼저 읽고 영화를 보여 주는 방법도 도전해 보세요. 그러면 영화와 책의 차이점을 두고 아이들과 토론도 할 수 있습니다.

3 묵독 파티

인터넷에서 자주 행해지는 독서 모임 방법입니다. 밴드(카카오톡) 등의 SNS 를 활용하여 친구들과 지정된 시간과 장소에 모여 책을 읽고 이야기를 나누는 자율 독서 동아리 형태를 발전시킨 놀이입니다. 진지하게 놀이에 임하는 아이들의 모습을 통해 독서가 가진 힘을 직접 경험하세요.

- 내용: 인터넷을 활용한 독서 공간과 시간을 공유하는 놀이
- 대형: 집합형
- 인원: 4명 이상
- 효과: 친화력, 약속이행력, 협업력
- 방법
  ① 밴드로 친구를 추가합니다.
  ② 독서 친구에게 장소와 시간을 공지합니다.
  ③ 지정된 장소와 시간에 도착하여 독서를 시작합니다.
  ④ 대화를 하면 안 됩니다.
  ⑤ 모든 것을 잊고 조용히 각자가 가지고 온 책을 읽습니다.
  ⑥ 정해진 독서 시간 종료 후에 느낌을 공유합니다.

〈예시자료〉

카카오톡 친구 추가하기	페이스북 친구 추가하기	인스타그램 친구 추가하기

<활동사진>

① 밴드에 친구를 추가합니다.

② 장소와 시간을 공지합니다.

③ 책을 읽습니다.

④ 종료 후 느낌을 공유합니다.

<참고사항>

인터넷에서 최근 시행되고 있는 책 놀이입니다. 다른 사람이나 주변 환경에 대한 관심을 끊고 스마트폰도 끄는 것이 원칙입니다. 시끄러운 일상에서 벗어나 자신만의 공간과 시간을 가지면서 그 느낌을 같이 공유하는 놀이입니다.

4 책 버킷

책을 완전히 나의 것으로 만들기 위한 놀이 활동입니다. 전체적인 내용을 이해하고 자신이 좋아하는 문장이나 장면을 친구들에게 설명해 줌으로써 감정이입과 자신만의 방식으로 작품을 해석하는 능력을 길러 줍니다.

- 내용: 책의 한 문장(사진, 그림)을 가지고 친구들과 설명하고 대화를 나누는 놀이
- 대형: 원형/사각형
- 인원: 2명 이상
- 효과: 종합력, 발표력, 집중력
- 방법
  ① 자신이 읽은 책 1권을 가져옵니다.
  ② 자신이 좋아하는 숫자에 해당되는 페이지를 선택합니다.
  ③ 책을 펼쳐 읽습니다.
  ④ 해당 페이지에서 마음에 드는 문장을 선택합니다.
  ⑤ 글자가 없는 경우는 그림, 사진 등을 선택합니다.
  ⑥ 문장을 왜 선택했는지를 이야기합니다.

〈예시자료〉

단어	그림(사진)

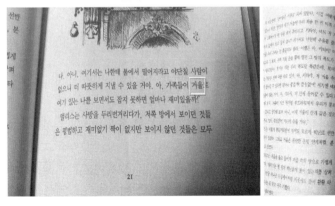 

〈활동사진〉

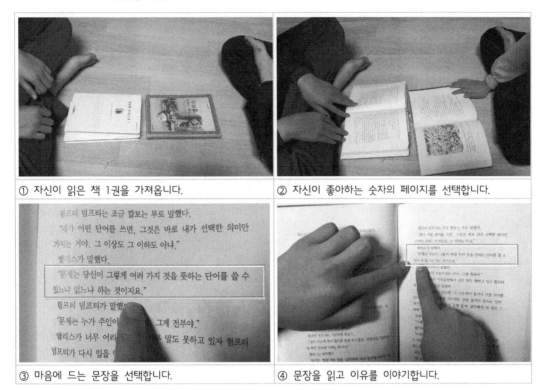

① 자신이 읽은 책 1권을 가져옵니다.

② 자신이 좋아하는 숫자의 페이지를 선택합니다.

③ 마음에 드는 문장을 선택합니다.

④ 문장을 읽고 이유를 이야기합니다.

〈참고사항〉

　　인터넷 독서 동호회에서 많이 하는 놀이입니다. 그 밖의 방법으로 친구들이 숫자를 불러주거나 자신의 나이에 해당하는 페이지를 선택하여 놀이를 진행할 수 있습니다.

10

행복한 영어 수업을
위한 조건

남궁은미

10
행복한 영어 수업을 위한 조건

남궁은미

I
들어가며

지금까지 교육 현장에서 30년을 훨씬 넘게 학생들을 가르치면서 수없이 많은 수업을 보아 왔고 또 다른 교사들에게 내 수업을 보이기도 했다. 그럴 때마다 거의 모든 학생들이 교사를 향해 집중하고 있음은 물론 평소와 아주 많이 다른 수업에 의아해 하면서도 내색하지 않고 선생님이 평소와 아주 많이 다른 것처럼 자신도 그렇게 해야 되는 듯이 학생들도 자연스럽게 자신의 태도를 공개 수업 모드로 전환하고 무대에서 연기하듯이 약간은 긴장된 표정으로 최선을 다하는 모습을 보아 왔다. 물론 그런 특별한 상황을 특별하게 받아들이지 않고 평소와 다름없이 독특한 행동으로 수업 역량을 마음껏 발휘하고 싶은 교사를 당황하게 만드는 학생들도 간혹 있다. '집들이 수업'에서는 이 수업을 위해 오랜 시간을 고민하고 또 고민해서 마련한 특별 메뉴(학습 모형), 자리 배치, 학생들과의 약속된 신호 및 구호 등과 같이 평소와 아주 많이 다른 분위기에서 수업을 하게 된다. 그 수업을 위한 준비 과정에서부터 수업이 이루어지는 순간까지 생각하면 1년에 두 번 하기가 쉽지 않은 수업을 우리는 많이 보아 왔고 또 그렇게 해 왔다. 그래서 그러한 수업을 한 번 공개하고 나면 다시는 하고 싶지 않은 아주 부담스러운 일이 되는 것이다. 수업을 참관하는 사람 입장에서도 특별히 화려하고 학생들이 일사불란하게 움직여 만들어 가는 학습 활동에 대해 크게 신뢰하지 않는다. 그런가 하면 교단 경험이 많지 않아 학생들과 매일매일 싸우고 있다고 생각하며 교사로서 자신의 역량에 대해 회의적인 생각을 가진 새내기 교사들에겐 그렇게 화려하고 학생들 모두가 하나 되어 교사에게 집중하여 움직이는 수업을 보면 커다란 부담이 아닐 수 없다.

'내가 맡은 아이들은 엉망인데…. 어떻게 저 아이들은 저렇게 잘할 수 있을까? 와, 저 선생님 정말 대단하다! 난 아무래도 교직이 적성에 맞지 않는 모양이다.' 이와 같은 생각으로 자괴감에 빠질 수도 있다. 수업은 학교에서 교사와 학생모두가 가장 중요하게 생각해야 하는 것임엔 틀림없다. 이제는 어쩌다 한 번 하게되는 특별한 수업에만 관심을 집중할 것이 아니라 항상성을 유지할 수 있으며 언제든지 어디서든지 지속 가능할 수 있어 학생과 교사 모두가 행복할 수 있는 행복한 수업과 이를 위한 조건으로 무엇이 필요한지에 대해 고민해 보아야 할 것이다.

1 수업에 대한 이해

> **수업**[1] 授業
> ① 주로 정해진 과정을 따라 정해진 시간과 장소에서 지식과 기능을 가르쳐 줌
> ② 또는 그런 일이나 그 일을 위한 시간

위에 제시된 바와 같이 수업의 사전적 의미를 보면 수업은 정해진 과정(내용), 시간, 공간, 가르침(행위)으로 이루어지는 것을 의미하고 있음을 알 수 있다. 이 사전적 의미에서는 대상(학생)이 빠져있다. 정해진 것(내용, 시간, 장소)을 가르친다는 교사의 가르침이라는 행위의 수업만을 말하고 있다. 또한 가르침을 실천하고 있는 교사의 정의적 문제와 학생들이 어떻게 반응하고 무엇을 배우며 수업에서 상호작용(교사-학생, 학생-학생)이 어떻게 이루어지는지에 대해서도 언급하지 않고 있다. 사전에서 제시한 수업의 의미는 교사(교육자) 중심으로만 보고 있다. 그러나 수업을 통해서 학생을 만나고 있는 우리 교사들은 반드시 학생을 중심에 두고 가르침과 배움이 함께 이루어지는 것에 초점을 맞추어야 한다. 또한 일정하게 정해지진 않았지만 그것이 무엇이든 학생들의 배움을 자극할 수 있는 가르침이 일어나는 상황이면 언제 어디서든 우리는 그것을 수업이라고 보아야 할 것이다. 일정하게 정해진(계획된) 수업을 협의의 수업이라고 한다면 후자의 경우는 넓은 의미의 수업이라고 할 수 있다.

2 수업 컨설팅 왜 필요할까?

사람들은 인생을 살아가는 동안 건강한 삶을 유지하기 위해 다양한 방법으로 자신의 건강을 수시로 확인·점검하고 그 결과에 따라 자신의 입장에서 최선이라고 판단되는 방법을 동원하여 건강을 관리하고 있다. 성격에 따라 정기검진, 종합검진, 부분검진을 들 수 있고 예방을 위한 검진이 있는가 하면 이미 발병이 된 상태에서 치료를 하기 위한 검진이 이루어지기도 한다. 하물며 건강에 자신 있는 사람조차도 자신의 건강 상태를 확인하고 싶어 한다. 이러한 모든 종류의 검진은 현재 자신의 건강 상태를 보다 건강하게 개선해 보겠다는 의지의 표현이라고 할 수 있겠다. 이렇게 이루어진 검진 결과는 수검 당사자의 건강을 관리하고 개선하기 위한 정보 및 자료가 되고, 이를 바탕으로 수검 당사자는 자신에게 알맞은 처방과 치료 방법을 적용하기 위해 노력하게 된다.

학교에서 교사들이 수업 컨설팅에 관심을 기울여야 하는 것도 바로 이러한 맥락으로 이해하면 될 것이다. 현재 자신의 수업이 어떻게 진행되고 있는지 정확하게 진단하는 일이야말로 교사들이 우선해야 할 일이라고 본다. 수업은 교사와 학생이 존재할 때 성립될 수 있는 작업이다. 교사가 교단에서 수업을 통해 만나게 되는 학생들은 무수히 많다. 일대 일로 이루어지는 병원진료 상황 또는 상담 활동에서 이루어지는 개인 맞춤형 진단 및 처방과는 달리 모두를 위한 수업을 진행해야 하는 만큼 모두를 최대한 만족시킬 수 있는 객관적 개선책 모색을 위한 수업에 대한 안목을 키워야 한다. 이러한 차원에서 볼 때 자신의 수업은 물론 다른 사람의 수업을 컨설팅 하는 일은 교사에게 필요한 과제라고 할 수 있겠다.

〈수업 개선을 위한 4가지 접근 법 비교표〉

구분	수업 장학	수업 평가	수업 컨설팅	수업 비평
주된 관찰 목적	교사의 교수 행위 개선	교사의 수업 능력 측정(평가)	교사의 고민 및 문제 해결	수업 현상의 이해와 해석
실천가와 관찰자의 관계	교사 장학사	피평가자 평가자	의뢰인 컨설턴트	예술가 비평가
주된 관찰 방법	양적·질적 방법	양적 방법	양적·질적 방법	질적 방법
산출물 형태	수업 관찰 협의록	양적·질적 평정지	컨설팅 결과 보고서	질적 비평문

관찰 정보 공유자	관련 당사자	관련 당사자	관련 당사자	잠재적 독자
관찰 결과의 활용	교사의 수업 전문성 향상에 관한 정보 제공	교사의 수업 설계 및 실행 능력 평가	원칙적으로 의뢰인의 판단에 의존함	수업 현상에 대한 감식안과 비평 능력제고
참여의 강제성 여부	의무적 참여	의무적 참여	자발적 참여	자발적 참여

II
수업 들여다보기

1 행복한 수업을 위해 무엇이 필요할까?

수업을 들여다볼 때 아무런 준비가 되어 있지 않으면 수업을 참관하고 나서 무엇을 보았는지, 무엇이 좋고 배울만했는지, 무엇에 대해 의문이 생겼는지 등 구체적으로 남아있는 것이 없게 된다. 그렇게 되면 수업 분석 및 비평이 이루어지기 어렵고 나아가 이 활동을 통한 수업 개선 단계로 이어지기 어렵다. 그렇기 때문에 수업을 들여다볼 때는 내가 무엇을 중심으로 살펴보겠다는 그 무엇(기준, 관점, 수업 요소 등)이 사전에 결정되어야 하고 이를 위한 물리적인 체크 리스트 또는 참관 기록을 할 수 있는 자료가 준비되어야 한다. 수업에 있어 중요한 요소로 친밀성을 보여주는 관계, 수업 시간에 이루어지는 규칙과 질서 유지를 위한 경계, 교사의 의도와 활동을 나타내는 교수, 학생들의 경험과 참여가 이루어지는 학습, 마지막으로 교사와 학생, 학생 상호 간에 이루어지는 상호작용을 중심으로 수업 컨설팅을 위한 수업 참관 포인트가 될 만한 것을 제시하면 다음과 같다.

가. 관계-친밀성

1) 교사의 표정이 얼마나 밝고 긍정적인가?

중국 속담에 "웃는 얼굴이 아니라면 가게를 열지 말라."라는 말이 있다. 남을 상대하는 직업에는 인상이 그만큼 중요하다는 말이다. 평생을 가르치는 일에 종사하는 선생님의 모습이야말로 그 자체가 교육이기 때문에 특별히 더 중요하다고 할 수 있다. 밝고 긍정적인 선생님의 표정에서 교사로서의 온화함과 자신감, 학생에 대한 사랑이 느껴진다. 반면 무표정한 얼굴, 피곤에 절어있는 모습에서 고독한 성(城)에 갇혀있는 사람의 무력감이 느껴진다. 그런데 묘한 것은 선생님의 모습과 수업 분위기가 일치한다는 것이다. 무표정한 선생님의 수업은 자기 말을 많이 하는 '혼자형 수업'인 경우가 많다. 일방적인 설명만 있는 수업이기에 학생들은 지루해 한다. 반면 표정이 밝은 선생님의 수업은 학생들과의 커뮤니케이션이 활발한 '더불어형 수업'이다. 밝은 수업 분위기 속에서 교사의 발문과 학생의 답변이 이어지고, 교실 내에서의 잦은 웃음이 교사와 학생 간의 교감을 활발하게 해 준다. learning(학습)과 teaching(교수)의 조화가 이루어지는 것이다.

2) 칭찬과 격려가 자주 일어나는가?

캔블랜차드의 『칭찬은 고래도 춤추게 한다』라는 책에는 다음과 같은 말들이 나온다. "긍정적인 것을 강조하라.", "잘한 일에 초점을 맞춰라.", "벌 대신 시간을 주어라." 이 책에서는 범고래를 춤추게 만드는 '고래 반응(Whale Done response)'이라는 훈련법을 통해 칭찬의 미학을 소개하고 있는데, 고래 반응이란 ① 범고래가 쇼를 멋지게 해냈을 때는 즉각적으로 칭찬하고, ② 실수를 했을 때는 질책 대신에 다른 방향으로 관심을 유도하며, ③ 중간중간에 계속해서 격려하는 것이다. 수업은 교사와 학생 간의 커뮤니케이션이며, 하나의 작품을 만들어가는 과정이다. 따라서 서로가 화합하지 않으면, 즉 래포(rapport)를 형성하지 않으면 소기의 목적을 달성하기 어렵다. 칭찬과 격려는 교사와 학생의 소통을 도와주는 최고의 명약이다. 학생을 자주 칭찬할 수 있는 교사는 긍정적인 관점에서 학생을 보는 사람이다. 학생들은 그런 선생님에게서 부담감을 적게 갖고 친근감을 느낀다. 수업시간의 칭찬은 수업 분위기를 밝게 해 주고, 칭찬을 받은 학생은 자연스럽게 자기강화가 이루어진다. 특히 칭찬을 받아본 경험이 적은 학생일수록 그 효과가 높게 나타난다. 바로 '피그말리온 효과(Pygmalion effect)'이다.

3) 교사의 언어가 얼마나 개방적이고 허용적인가?

수업시간에 교사와 학생 사이에 이루어지는 상호작용에 있어 가장 중요한 매개체 중 하나가 바로 교사의 언어(교수 용어)라고 할 수 있다. 교사와 학생들이 활발한 소통을 하기 위해서는 학생들이 교사의 언어를 이해하기 쉬워야 하고 또 학생들이 교사에게 무슨 이야기든 부담스럽지 않게 할 수 있다는 믿음을 주어야 할 것이다. 교사의 발문에 대답, 발표 또는 자신이 궁금한 것을 질문을 했을 때 긍정적인 피드백을 받아 본 경험이 있는 학생은 그러한 행동이 지속·발전되어질 수 있으나 반대로 교사로부터 부정적 피드백을 받았던 경험을 갖고 있는 학생은 그러한 행동이 줄어들거나 아예 다시는 시도하지 않을 수도 있다. 특히 학생들이 자신의 생각을 편안하게 이야기할 수 있게 하는 교사의 개방적 긍정적 언어야말로 학생들이 수업 활동에 적극적, 지속적 관심을 끌어낼 수 있는 열쇠라고 할 수 있겠다.

나. 경계-규칙, 질서

1) 수업의 3단계를 확실히 지키고 있는가?

[도입] – [전개] – [정리 및 평가], 수업의 3단계는 종교의 계율과도 같다. 반드시 지켜야 할 요소들이기 때문이다. 수업에 있어서 전시학습을 상기하고, 동기유발과 더불어 학습목표를 제시하며, 본시학습을 전개하고, 마지막 정리와 더불어 형성평가와 차시학습 예고까지 어느 것 하나도 생략해서는 안 되는 것들이다. 이 가운데 어떤 것을 생략한다고 하면 그것은 교사 스스로 수업을 잘못하려고 작정한 것이나 다름없다. 모든 일에는 시작과 끝이 있는 법인데 도입단계가 없다면 몸도 풀지 않고 경기에 뛰어드는 것과 같고, 정리단계가 없는 것은 잔뜩 일만 벌여 놓고 마무리를 짓지 않는 것과 같다. 도입과 정리단계는 전개단계와 동등한 가치를 가진다. 전개단계에서 하나라도 더 많이 자세하게 수업하려고 하다가 정리단계를 생략하는 것보다는 전개단계를 조금 줄이면서 학습내용을 요약하고, 간단한 평가를 통해 학습내용을 정착시키는 것이 수업의 기본이다.

2) 수업을 위한 학습활동 훈련이 잘 되어있는가?

수업에서는 학습목표 도달을 위해 해결해야 하는 다양한 학습활동이 주어진다. 이러한 학습활동을 한 가지씩 진행할 때마다 학생들의 주의 집중을 유도해야 하는 상황이 발생하게 되는데 이럴 때 마다 학생들이 저절로 집중할 때까지 기다린다거나 그때마다 약속(훈련)되지 않은 방법으로 학생들을 집중하게 하려면 여간 어려운 것이 아니다. 그러한 순간으로 인해서 학습활동이 정리가 되지 않거나 다음 활동에 지장을 주게 되면 수업을 계획한 대로 실천하기가 어려울뿐만 아니라 학습목표 도달이 요원해질 수도 있다. 따라서 교사와 친밀한 관계를 유지하면서 만들어 가는 수업을 하는 것과 동시에 수업 안에서 지켜져야 하는 질서와 규칙도 필요하다고 할 수 있다. 질서와 규칙을 지키기 위한 방법으로 학생들과 약속해서 훈련된 여러 가지 집중 구호 또는 신호가 있을 수 있다.

3) 적절한 쉼(pause)이 있는가?

수업은 목적지를 향해가는 긴 여정(旅程)이다. 목적지에 도달하기 위해서는 그늘 아래에서 잠깐 쉬어가기도 하고, 잠시 뒤를 돌아보기도 해야 한다. 흥얼거림도 있고, 웃을 수 있는 여유도 있어야 한다. '쿼터리즘(Quarterism)'이라는 말이 있다. 직역하면 '15분주의'라는 말인데 15분 이상 집중하지 못하는, 즉 인내와 끈기가 부족한 요즘 청소년들의 사고나 행동 양식을 일컫는 말이다. 이러한 경향은 수업 중 오랫동안 집중하지 못하고 안절부절못하는 학생들의 모습에서 찾아볼 수 있다. 수업의 중간에 우스개 소리도 하고, 서로 어깨도 두드려 주고, 간단한 스트레칭도 하는 여유를 가지면 수업 분위기도 유연해지고 학생들의 참여도도 높아지게 된다. 특히 수업의 전개단계에서 학생들의 집중력이 떨어지거나 지루해 할 때 잠깐 동안 시간을 내서 간단한 스트레칭이나 퀴즈, 박수치기, 유머, 개인기 등을 활용하면 분위기의 반전을 꾀할 수 있다. 이러한 것을 자신의 수업 틀로서 정착시키면 학생들도 자연히 이것을 따르게 되고 수업에 대한 호응도 높아지게 된다.

다. 교수 - 의도 및 활동

1) 동기 유발이 적절하게 이루어졌는가?

"동기 유발이 확실하면 수업은 50% 성공한 셈이다."라고 이야기할 만큼 수업에 성패를 좌우할 수도 있는 점이 바로 동기 유발이라고 할 수 있겠다. 따라서 학생들이 학습활동에 적극적으로 참여하여 학습목표에 도달할 수 있는 외부적 또는 내부적인 동기를 유발하는 데 많은 연구를 해야 할 것이다. 좋은 동기 유발을 위한 조건으로 정해진 것은 없다. 외부적인 동기 유발보다는 내부적 동기 유발이 더 효과적이라고는 하나 초등학생들에게 내적 동기 유발을 유도한다는 것은 그리 쉬운 일이 아닌 만큼 동기 유발이 외부적인 것이라 할지라도 학생들이 수업에 적극 참여할 수 있게 하여 외적 동기가 내적 동기로 발전할 수 있도록 노력을 기울여야 할 것이다.

2) 학습목표를 적절히 제시하고 있는가?

일을 하면서 중점적으로 해야 할 일이 무엇인지를 아는 것과, 그렇지 않은 것은 결과 면에서 차이가 많다. 수업에 앞서 선생님과 학생이 학습목표를 인지하는 것도 마찬가지이다. 학습목표는 선생님과 학생 간의 수업운영에 대한 약속이며 수업의 안내도이고 수업의 핵심(core)이기 때문이다.

그런데 이렇게 중요한 학습목표를 제시하지 않거나 제시하더라도 형식적으로 하는 경우가 많다. 그러다 보면 수업의 초점은 흐려지기 마련이다. 다음과 같은 사례가 그러하다. 학습목표를 칠판에 적고 학생을 지명하여 읽게만 하는 경우, 학습목표를 PPT로 제작하여 보여 준 후 다음 화면으로 넘어가 버리는 경우, 처음에만 학습목표를 제시하고, 수업 중 이에 대한 언급이 없는 경우 등이다.

학습목표는 단순히 제시로만 끝내서는 안 된다. 학생들에게 도달해야 할 목표는 무엇이고, 왜 이러한 학습목표가 제시되었는지를 명확하게 이해시켜야 한다. 따라서 전시학습과의 관련, 교과내용으로서의 중요성, 학생들의 학습활동 등과 관련지어 명시적으로 진술되어야 한다.

3) 교실영어 사용이 충분히 이루어지고 있는가?

갓난아이가 세상에 태어나 모국어로 일상에서 간단한 의사소통을 하는데 걸리는 시간은 약 10,000시간이라고 한다. 이 시간은 하루에 8시간씩 4년 동안 음성(문자)언어에 노출 시키는 시간으로 하루에 4시간이면 8년, 2시간이면 16년, 1시간이면 32년 걸리는 시간이다. 우리는 바로 이점을 생각해야 한다. 1주일에 2시간 또는 3시간 이루어지는 영어 수업에서 학생들이 알아듣지 못하거나 교사가 준비되지 않았다는 이유로 교사의 교실영어가 사용되지 않는다면 또 다시 우리 학생들이 영어교육을 10년 이상 받고도 인사 한 마디 제대로 못하는 결과를 초래할 수도 있다. 학생들이 잘 알아듣지 못해서 답답하더라도 교사들은 지속적으로 교실영어 사용을 확대하여 학생들이 음성언어에 노출되어 있는 시간을 최대한 늘려주어야 할 것이다.

4) 학습 자료 사용이 적절한가?

학습 자료가 풍부하다고 해서 무조건 좋은 수업은 아니다. 오히려 불필요한 학습 자료가 투입 된다면 그로 인해 학습목표 도달에 부정적 영향을 미치게 될 수도 있는 것이다. 이런 경우 "차라리 없는 이만 못하다."라는 말이 나올 수도 있다. 또한 필요한 학습 자료이긴 한데 그것을 '제작 또는 구입'하는 데 시간, 노력, 비용 등이 사용 효과 및 빈도에 비해 많이 들어갔다면 이 또한 고려해야 할 문제인 것이다. 교사가 수업을 오랫동안 즐겁게 이끌어 가려면 수업을 위한 준비 상황이 지나치게 부담스럽지 않아야 하기 때문이다.

5) 학습 내용과 수업방법이 어울리는 수업인가?

수업방법은 학습 내용에 따라 적절히 변화되어야 한다. 사람마다 자신에게 어울리는 옷(디자인, 색깔, 크기 등)이 다르다. 또 상황(시간, 장소)에 따라 옷이 달라져야 한다. 결혼식, 장례식, 작업장, 잠자리 등에 따라 그에 알맞은 옷을 입어야 하는 것과 마찬가지라고 보면 될 것이다.

6) 교과서±α가 있는 수업인가?

교과서는 학생들을 가르치기 위한 참고 자료일 뿐이다. 교사들은 그 교과서를 얼마든지 학생, 학급, 학교, 지역사회 등과 같은 조건 또는 환경 여건에 따라 그에 맞춰 적당한 내용으로 재구성하여 지도할 수 있다. 내용 변화는 물론 수준을 상향 또는 하향 조정할 수 있다. 물론 그 교과서에 제시된 내용이 내가 지도하는 학생들에게 적당하다면 그대로 가르쳐도 역시 문제될 것은 없다. 여기서 이야기하는 ±α라고 하는 것은 교사가 교과서를 학생들의 특징 및 수준에 맞춰 얼마나 탄력적으로 수업 내용을 재구성하고 있는가 하는 것이다.

라. 학습-경험 및 참여

1) 학생의 눈높이에 맞는 수업인가?

학생의 눈높이를 맞추었다고 하는데 학생들은 너무 어렵다고 한다거나 너무 쉽다고 한다면 그건 분명히 눈높이를 맞추는 방법이 잘못되었을 가능성이 크다. 예를 들어 눈높이를 맞추었는데 학생들이 어렵다고 한다면 교사는 가만히 있고 학생들에게 교사의 눈높이와 같아지는 높이의 받침대를 주고 그 위에 올라가게 해서 눈높이를 맞추었다고 할 수 있다. 반대로 너무 쉽다고 할 경우엔 학생들의 눈높이를 제대로 파악하지 못하고 있는 거라고 할 수 있겠다. 학생들을 자연스럽게 서 있게 한 다음 교사가 움직여서 눈높이를 맞출 때 진정한 눈높이 교육이 가능하다.

2) 학생의 움직임이 계속되는 수업인가?

"흐르는 물은 썩지 않고, 구르는 굴렁쇠는 넘어지지 않는다!"라는 말처럼 학생들을 끊임없이 움직이게 하는 수업인가에 대해 생각해 볼 필요가 있다. 여기서 움직인다 함은 물리적이거나 가시적인 움직임만을 이야기하는 것이 아니다. 우리는 보통 행동으로 보이는 것을 움직임이라고 한다. 수업에서의 움직임은 교사의 여러 가지 발문(자극)으로 학생들이 사고활동이 이루어진다는 것을 의미하며 이를 학생의 움직임이 계속되고 있다는 것으로 볼 수 있겠다. 따라서 수업에서의 움직임은 학습목표 도달과 관련지어 일어나고 있는 외적, 내적 움직임 모두를 포함하고 있다.

3) 모두가 참여하는 수업인가?

가장 좋은 수업은 소외되거나 제외되는 학생 없이 모두가 즐겁게 참여하는 수업이라고 할 수 있겠다. 교사라면 누구나 꿈꾸는 수업일 것이다. 학생 스스로의 문제일지라도 수업에 소외되거나 제외되지 않도록 교사가 의도적으로 배려한 수업이라면 정말 성공적인 수업이라고 할 수 있겠다. 예를 들어 배움이 느리게 일어나는 학생을 또래 학습 및 협력 학습으로 유도하여 모두 참여하는 수업으로 운영한다면 학습목표 달성은 물론 공동체 의식 함양을 위한 친구에 대한 이해, 배려, 협력 등과 같은 인성적 요소까지 키워줄 수 있는 일석이조의 수업이 될 것이다.

마. 상호작용-교사 : 학생 / 학생 : 학생

1) 교사와 학생 사이에 상호작용이 활발하게 이루어지는가?

'두 선수가 탁구를 치는 상황'을 생각해 보면 좋을 것 같다. 교사와 학생이 탁구를 친다고 가정을 했을 때 교사가 학생에게 탁구공을 제대로 주지 못하거나 넘어간 공을 학생이 제대로 받아 넘기지 못한다면 탁구를 칠 수가 없다. 수업시간에 이루어지는 교사와 학생 간에 상호작용도 바로 이렇게 이해하면 좋을 것 같다. 교사와 학생 모두가 탁구를 즐기기 위해선 공이 서로에게 활발하게 넘나들어야 하는 것처럼 수업도 마찬가지이다. 탁구를 즐겁게 치기 위해 탁구공을 넘기는 교사가 공을 받기 위해 준비하고 있는 학생 수준에 맞게 공의 빠르기, 방향, 성질 등을 조절하여 공을 넘겨 학생이 공을 잘 받을 수 있도록 하는 것처럼 수업도 교사가 학생 수준에 맞게 수업을 준비해야 한다.

2) 학생과 학생 사이에 상호작용이 활발하게 이루어지는가?

또래 학습의 효과를 생각해 보자. 학생들 중에는 교사의 가르침보다 친구의 가르침을 더 편안하게 생각하고, 또래 언어가 주는 동질감 때문에 또래의 가르침이나 설명을 더 잘 이해하는 경우가 많다. 이러한 점을 감안하면 교사와 학생 사이의 상호작용만큼 학생 간의 상호작용도 아주 중요하다고 할 수 있겠다. 학생 간의 상호작용은 배움이 느린 학생들에게 편안한 학습 분위기를 제공하는 차원에서 좋고, 나아가 친구를 가르치기 위해 설명을 한 학생은 자신이 알고 있는 것을 다시 한 번 더 복습(상기)하게 됨으로써 자신이 알고 있는 것을 강화할 수 있는 좋은 기회가 되기도 하는 것이다.

1) 팀티칭, 왜? 어떻게?

교육 당국에서 막대한 예산을 집행하면서까지 영어교육 현장에 원어민 교사를 배치하고 있는 것은 과거 우리나라 영어교육에 대한 철저한 반성으로 지적된 여러 가지 문제점(TEK, 문자언어 중심 교육)을 극복하기 위함이라고 할 수 있다. 이에 원어민 보조교사 활용을 통해 우리가 기대하는 영어교육의 효과로 자연스러운 음성언어(억양, 발음, 액센트) 중심의 영어교육 기회 제공, 영어사용에 대한 두려움 제거 및 자신감 신장, 학생들의 영어 듣기, 말하기 능력 신장, 비형식적인 의사소통의 기회 제공, 국가 간 다양한 문화 인식의 기회 제공, 영어 몰입 교육(TEE 수업)의 기회 제공을 들 수 있다. 이러한 효과를 거두기 위해서는 한국인 교사와 함께하는 팀티칭이 이루어져 원어민 교사가 극복할 수 없는 문제 상황을 한국인 교사가 적절히 해결해 주어 원어민 교사를 활용한 팀티칭의 효과가 극대화 될 수 있게 하여야 한다. 또한 원어민 교사와 내국인 교사와의 역할 분담은 서로가 충분히 합의한 상황이라면 원어민 교사의 활동 비중을 높이는 것이 더 효과적일 수 있다. 물론 원어민 교사가 해결하기 어려운 부분을 한국인 교사가 확실하게 보완해 주어야 한다는 것을 전제로 한다. 원어민 교사 입장에서는 학생들을 이해하고 자신을 학생들에게 이해시키는 문제가 가장 큰 어려움일 것이다. 이러한 문제를 한국인 교사가 단순 통역을 해서 해결하려 한다면 원어민을 활용한 수업의 의미가 없어진다. 이러한 문제를 해결하기 위해 원어민 교사와 한국인 교사가 활발한 소통을 해야 하며 끊임없이 연구해야 할 것이다.

2) 평가(행복성장 평가)

학생들의 평가 결과는 우열 또는 서열을 메기기 위한 것이 아니며 다른 학생들과 비교하기 위한 것이 아님을 학생들에게 분명하게 인식시킬 필요가 있다. 학교에서 이루어지고 있는 평가는 학생들이 어제보다 얼마나 더 성장했는지를 확인하고 그에 따라 수업을 어떻게 개선하고 발전시킬 것인지를 연구하기 위한 자료로 활용하기 위한 것이어야 한다. 학생들에게 스스로 발전해 가고 있음을 경험시키고 그것을 칭찬하고 격려해 줌으로써 그들 내면에 잠자고 있는 학습 능력을 깨울 수 있을 것이다. 학생들이 평가를 의식하지 않은 상태에서 평가가 이루어진다면 평가에 대한 학생들의 부담감이 감소할 것이다. 또한 과정중심의 평가를 강조하여 학생들이 평가를 위한 수업 참여가 아니라 과정 자체를 즐기는 수업 참여가 이루어질 수 있도록 고려해야 할 것이다.

3) 일반화 가능성이 높은 수업인가?

아무리 좋은 옷이라고 해도 너무 비싸거나 특별한 것이어서 내가 구입해서 입을 수 있는 것이 아니라면 그 옷은 더 이상 나에게 의미가 없다. 이처럼 상대의 수업이 훌륭했어도 내 수업 개선에 도움을 줄 수 없는 수업이었다면 무의미하다고 할 수 있겠다. 따라서 수업을 공개하는 교사와 수업 참관을 하는 교사는 반드시 이 수업이 얼마나 일반화 가능성이 있는지에 대해 충분히 고민해 보아야 할 것이다. 현실과 동떨어진 수업일 경우 해당 수업에 대한 거부감을 갖게 되기 쉽다. 우리가 추구하는 것은 1년에 한두 번 하는 집들이 수업이 아니다. 부담스럽지 않은 노력으로 꾸준히 실천할 수 있는 그런 수업을 고민해야 할 것이다.

Ⅲ
나 오 며

수업은 교사와 학생 사이를 이어주는 다리와도 같은 것이라고 할 수 있겠다. 교사와 학생은 그 다리를 서로 오고 가면서 아는 기쁨, 경험의 즐거움, 이해하는 환희, 과제 해결에 대한 성취감 등 갖가지 자신을 성장시키는 데 필요한 긍정적 요소들을 체험할 수 있는 기회를 받게 된다. 그런가 하면 어떤 학생들은 정반대로 교사에 대한 부정적인 경험 및 기억 때문에 교사와의 사이에 놓인 다리를 더 이상 건너가고 싶지 않아 다리 한 쪽 편에 주저앉아 나름대로 시간을 보내면서 행복하지 않은 시간을 보내게 되는 경우도 흔히 볼 수 있다. 수업 컨설팅을 아무리 잘해도 그것이 기계적이거나 계량적인 작업으로 진행되고 또 물리적으로만 개선 되어진다면 진정한 수업 개선이라고 볼 수 없다. 또한 수업 컨설팅은 아주 잘 이루어졌는데 그 결과가 자신의 수업에 적용되지 않는다면 아무런 소용이 없다. 자신의 수업을 수업 컨설팅(분석, 비평, 성찰)한 뒤에는 반드시 개선을 위한 행동으로 실천해야 할 것이다. 아울러 수업을 하는 데 있어 가장 중요한 것은 학생 개개인에 대한 존중과 사랑을 바탕으로 해야 한다는 것이다. '알파고'와 같은 인공지능의 역할이 확대되는 세상을 살아가게 될 우리 학생들에게 있어 무엇보다 중요한 것은 인공지능이 대신 할 수 없는 감성을 키워 가는 일이라 할 수 있겠다. "Teacher is the answer."

IV
실제 수업 자료

(　　)과 수업 분석표(예)

일시				참관자		
수업교사		수업 대상		수업 장소		
단원명		주제			차시	
학습목표						

구분	수업 관점	척도		
		VG	G	NG
관계 (친밀성)	교사의 표정이 얼마나 밝고 긍정적인가?			
	칭찬과 격려가 자주 일어나는가?			
	교사의 언어가 얼마나 개방적이고 허용적인가?			
경계 (규칙 · 질서)	수업의 3단계를 확실하게 지키고 있는가?			
	수업을 위한 학습 훈련이 잘 되어 있는가?			
	적절한 쉼(pause)이 있는가?			
교수 (의도 · 활동)	동기 유발이 적절하게 이루어졌는가?			
	학습목표를 적절히 제시하고 있는가?			
	교실영어 사용이 충분히 이루어지고 있는가?			
	학습 자료 사용이 적절한가?			
	학습 내용과 수업 방법이 잘 어울리는가?			
	교과서±a가 있는 수업인가?			
학습 (경험 · 참여)	학생의 눈높이에 맞는 수업인가?			
	학생의 움직임이 계속되는 수업인가?			
	모두가 참여하는 수업인가?			
상호작용	교사와 학생 간에 상호작용이 활발하게 이루어지고 있는가?			
	학생 간에 상호작용이 활발하게 이루어지고 있는가?			
기타	팀티칭이 효과적으로 이루어지고 있는가?			
	행복성장 평가가 이루어지는가?			
	일반화 가능성이 높은 수업인가?			
종합 의견				

참고문헌

이혁규, 『수업, 비평의 눈으로 읽다』, 우리교육, 2008
신을진, 『수업코칭, 좋은 수업 만들기』, 강원도교육연수원, 2016
서근원, 『수업에서의 소외와 실존』, 교육과학사, 2008
캔플랜차드, 『칭찬은 고래도 춤추게 한다』, 21세기북스, 2003
조벽, 『조벽 교수의 수업 컨설팅』, 해냄, 2012

11

신나고 의미 있는 상호작용을 통한 영어 의사소통능력의 신장

안혜숙

11

신나고 의미 있는 상호작용을 통한
영어 의사소통능력의 신장

I
필요성 및 목적

얼마 전 핀란드에서는 공교육으로만 70%이상의 국민이 영어를 자유롭게 구사할 수 있다는 영상을 보았다. 그들의 수업 방식은 어땠을까? 영상에서 본 학생들은 동영상에서 나오는 영어를 따라하였고, 배운 것을 옆 짝과 연습한 후, 다시 놀이나 게임을 이용하여 흥미를 잃지 않으면서 반복하여 말할 수 있는 상황을 계속 되풀이하였다. 학생들의 학년이 올라가도 말하기 연습 위주의 수업이 계속되었고, 문법을 외우게 하거나 특별한 시험 성적을 강요하지도 않았다. 그저 영어를 재미있게 여기고 의사소통할 수 있으면 충분하다고 여겼다.

과거 1980년대에 핀란드에서는 문법 위주의 교육을 시행했었다고 한다. 그러나 영어교육의 목표가 '의사소통능력의 신장'으로 바뀌면서 학교의 영어수업 풍경이 달라진 것이다.

그동안 우리나라의 영어 학습에서 주된 목표가 원어민과 같은 유창한 발음과 문법으로 유창하게 영어로 표현하는 것이 아니었는지 생각해 볼 필요가 있다. 특히 우리에게 유창한 표현이란 주로 미국식 억양과 발음으로 문법에도 맞는 완벽한 영어를 구사하는 것으로 인식되었다. 몇 년 전 영국에서 온 원어민 보조교사와의 협력 수업에서 학생들은, 그녀가 쓰는 단어의 발음이나 억양이 틀린 게 아닌지 되묻는 경우가 흔히 있었다. 그의 언어가 미국식 억양과 발음이 아니었기 때문이었다. 학생들이 얼마나 미국식 표현을 중요시하며 이를 모방하고 있었는지 오히려 원어민을 놀라게 하였다. 이런 상황에서 세계 여러 나라 사람과 소통하기 위해 영어를 배운다고 말하는 것은 너무 아이러니한 일이다.

영어는 세계 여러 나라 사람이 쓰는 공용어이고 그들과 소통하기 위해 필요한 언어이다. 나의 생각과 정보를 전달할 수 있는 수단인 것이다. 완벽한 언어를 목표로 유창한 표현을 모방하는 대신, 영어를 의사소통어로 인식하고 이를 위한 상호작용능력을 향상시켜야 할 것이다. 따라서 영어 학습은 의사소통을 목표로 상호작용능력을 향상시키는 데 그 중요성이 있다고 할 수 있다.

II
실태분석

1 학습실태

학기초, 4학년 학생 144명을 대상으로 영어 학습 능력을 알아보기 위한 진단평가를 실시하였다. 이전 학년 영어교과서를 바탕으로 영어 말하기, 듣기, 읽기, 쓰기 능력을 측정하였다.

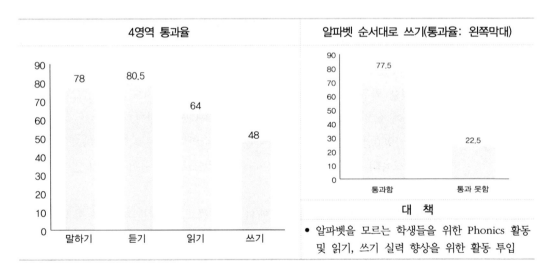

2 영어 학습에 대한 생각 조사 결과

학생들의 영어에 대한 흥미도, 자신이 인정하는 실력, 관심 활동을 알아보기 위해 동일 집단을 대상으로 설문을 실시하였다. 그 결과는 다음과 같다.

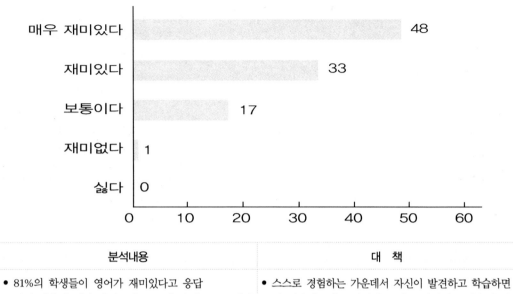

Q. 평소 영어 과목에 대해 어떻게 생각하나요?

응답	수치
매우 재미있다	48
재미있다	33
보통이다	17
재미없다	1
싫다	0

분석내용	대 책
• 81%의 학생들이 영어가 재미있다고 응답 • 영어 학습에 대한 흥미도가 보통인 학생 17%, 재미없다고 응답한 학생이 거의 없는 것으로 나타남.	• 스스로 경험하는 가운데서 자신이 발견하고 학습하면서 학습자들의 호기심과 동기는 강화되고 학습에 대한 참여는 증대되는 상호작용형 수업모형 적용

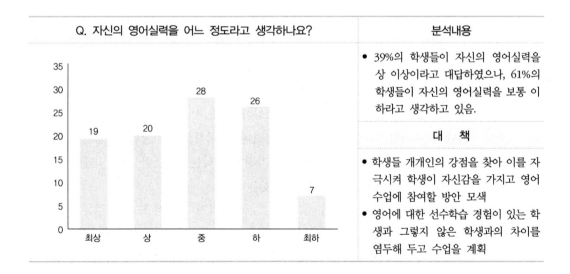

Q. 자신의 영어실력을 어느 정도라고 생각하나요?

구분	수치
최상	19
상	20
중	28
하	26
최하	7

분석내용

• 39%의 학생들이 자신의 영어실력을 상 이상이라고 대답하였으나, 61%의 학생들이 자신의 영어실력을 보통 이하라고 생각하고 있음.

대 책

• 학생들 개개인의 강점을 찾아 이를 자극시켜 학생이 자신감을 가지고 영어 수업에 참여할 방안 모색
• 영어에 대한 선수학습 경험이 있는 학생과 그렇지 않은 학생과의 차이를 염두해 두고 수업을 계획

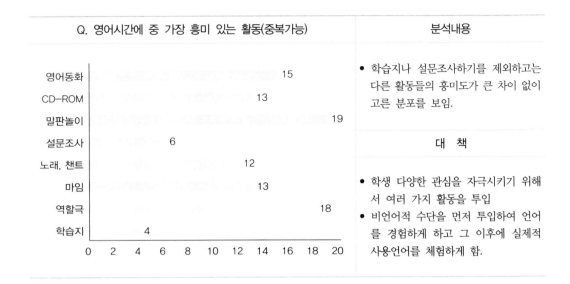

Q. 영어시간에 중 가장 흥미 있는 활동(중복가능)	분석내용
영어동화 15 CD-ROM 13 말판놀이 19 설문조사 6 노래, 챈트 12 마임 13 역할극 18 학습지 4 　0　2　4　6　8　10　12　14　16　18　20	• 학습지나 설문조사하기를 제외하고는 다른 활동들의 흥미도가 큰 차이가 없이 고른 분포를 보임. **대　책** • 학생 다양한 관심을 자극시키기 위해서 여러 가지 활동을 투입 • 비언어적 수단을 먼저 투입하여 언어를 경험하게 하고 그 이후에 실제적 사용언어를 체험하게 함.

III
배경이론

1 뇌의 기억과 상호작용

뇌의 기억기능 중 서술기억과 비서술기억에 대해서 먼저 알아보자. 서술기억(declarative memory)은 선언기억이라고도 하며 의식이 있는 상태에서 회상할 수 있는 기억이다. 단어, 정의, 이름, 날짜, 얼굴, 사선, 개념, 사상 등 사실적 정보에 대한 기억이나 사실에 관한 지식을 포함한다. 즉 지식과 알고 있는 사실들이 포함된다. 서술기억은 의식적 접근이 가능하며, 의식적으로 기술할 수 없는 비서술기억(절차기억)과 대조된다. 예를 들어 자전거를 타는 것은 비서술기억에 포함되지만 계산을 하는 것을 서술기억에 포함된다.

비서술기억(non-declarative memory)은 과거 경험이 도움을 주는지 의식하지 못한 상태에서 현재 임무를 수행하는 데 있어 과거 경험들이 도움을 주는 것을 말한다. 어떻게 신발 끈을 묶거나 자전거를 타는지에 대해 지속적으로 생각하지 않고서도 기억할 수 있게 해 주는 것이 비서술기억에 해당한다. 그래서 비서술기억을 절차기억이라고도 부른다.

요약하자면, 서술기억은 쉽게 형성되고 쉽게 잊어버리지만 절차기억은 계속되는 반복과 연습을 통해 형성되고 훨씬 더 오래 기억된다. 예를 들면 "한국의 수도는 서울이다."라고 한 번만 정보를 제시하면 바로 알 수 있으나, 자전거를 타는 법을 배우려면 시간이 걸리고 연습이 필요하다. 전자는 서술기억이고 후자는 비서술기억에 속한다.

이런 뇌의 기억 기능이 우리의 영어교육에 주는 시사점은 무엇인가? 만약 영어교육으로 영어문장 구조에 대한 인식을 무의식적인 절차기억으로 만든다면, 우리는 영어구사능력의 괄목적인 신장을 보게 될 것이다.

우리는 모국어를 말할 때 어순, 문장들의 사용에 비서술기억을 활용하는 반면 외국어를 말할 때는 어순, 문장 등의 사용에 서술기억을 활용하는 경향이 있다. 일반적으로 모국어가 아닌 외국어는 주로 암기를 통해 서술기억으로 자리 잡게 되기 때문에 외국어를 구사할 때 비서술기억의 활용도가 낮은 것이다.

어떻게 하면 서술기억을 절차기억으로 바꿀 수 있을까? 로버트 드 카이져 교수는 연습이 학생들의 서술적 기억을 절차적 지식으로 바뀌게 도와준다고 한다. 단순한 영어적 지식과 문법을 아는 것을 넘어 그 말을 사용할 때마다 자동으로 사용할 수 있도록 반복적으로 연습하는 게 중요하다는 것이다. 영어사용의 유창성을 획득하고 싶다면 이 방법을 사용하라고 권장한다. 또한 반복적으로 연습하여 언어를 구사하는 것과 동시에 그것을 실제 상황에서 의미 있게 사용하는 것도 중요하다.

따라서 언어를 습득하는 학습자들의 의사소통능력이 향상되기 위해서 학습자와 교사 간, 학습자와 학습자 간의 상호작용이 매우 중요하다. 따라서 교실 안에서 의미 있는 상황의 상호작용을 할 수 있는 기회를 주는 것이 중요하다. 이러한 의사소통을 통한 상호작용을 목적으로 이루어지는 의사소통적인 교수법이 바로 상호작용형 수업모형(Interaction based Model)이다.

Long(1985)은 상호작용을 통해 학습자들이 입력을 이해하게 되고 출력을 통하여 목표언어를 습득하게 됨을 강조하는 상호작용가설을 주장하였다. 상호작용가설 이론은 학습자-교사, 학습자-학습자 간의 상호작용을 통한 의미교차를 강조하고, 의사소통 활동들을 통해 의미를 익히는 동안 학습자들이 언어를 습득할 수 있다는 것이다. 언어의 일방적인 입력도 필요하지만 그 의미가 서로에게 전달되고 전달하려는 의도가 정확히 나타나야만 언어습득이 이루어진다는 것이다. 그런 상호작용 과정에서 명료화 요구, 확인점검, 이해점검 등의 피드백을 통하여 학습자들과 교사 간의 상호작용을 유도하고, 학습자와 유의미한 상호작용이 일어나도록 해야 한다.

2 의사소통능력

의사소통능력은 외국어 학습이 언어의 형식적 지식만을 강조하는 방식에 대한 비판적 대안으로 나온 주장이다. 그것은 언어사용이라는 기본 기능에 충실한 통합적 능력을 말한다. Chomsky는 언어능력과 언어수행을 구분하고, 완벽한 언어지식의 습득을 추구하는 언어능력을 강조했다. 그의 추상적인 언어능력에 대한 반발로 인하여 의사소통능력이라는 용어가 처음 생성되었고, 그 이래로 언어사용능력은 사회적 범위로 넓혀졌다. Canale과 Swain은 의사소통능력을 문법적, 사회언어학적, 담화적 그리고 전략적 능력이라는 네 요소로 정의했다. 이들은 각각 어휘와 문장규칙에 대한 지식과 언어사용의 적절성, 하고자 하는 말의 일관성과 응집성 그리고 의사소통능력을 활용하기 위한 전략사용능력을 가리킨다.

IV
수업모형

1 상호작용형 수업모형(Interaction based Teaching Model)[1]

가. 특징

학생들의 선수경험을 고려하여 직접 새로운 상황과 표현을 체험할 수 있는 언어적, 비언어적 방법을 사용한다. 학생들은 상황적 단서와 상호작용을 통해 의미를 추측하며 의사소통을 성공적으로 이루어갈 수 있게 된다.

1) Brainstorming 단계

브레인스토밍 단계는 전형적인 형태 중심의 PPP 단계를 따르지 않고 의미에 중점을 두는 활동이다. 모든 학생들을 하얀 종이와 같은 지식의 공백이 아니라 선수학습경험이 있는 다양한 수준의 이질 집단임을 대상으로 전제한다. 학생들을 수동적 학습자가 아니라 항상 단서를 통해 의미를 이해하려는 능동적인 주체로 보기 때문에 교사는 비언어적 또는 언어적 행동을 통해 실제와 유사한 상황을 만들어 제시해야 한다. 크게 두 가지 활동, 즉 비언어적과 언어적 수단을 활용할 수 있다.

---

1 김동군 외, 『2009개정 교육과정에 따른 초등학교 4학년 영어과 수업모형 및 교수 · 학습자료』, 2014

비언어적 수단은 마임, 몸짓, 그림, 사물 그리고 행동과 같은 매체를 통하여 언어를 먼저 경험하도록 한다. 언어적 수단은 전달하는 메시지의 이해 여부를 가장 중요하게 간주한다. 학생들이 교사 발화의 모든 의미를 완전히 이해하지 않아도 되며 언어와 상황을 경험하고 그 경험을 통하여 의미를 추측하는 것도 좋다. 직접적으로 설명하기보다는 교사의 도움을 받아 언어를 자연스럽게 사용할 수 있는 기회를 준다. 실제적인 표현과 상황은 학생들이 그 표현의 실제적 의미를 정확하게 이해하도록 돕는다. 또한 학생들이 억지로 말하도록 강요하지 않으며 반응할 기회를 충분히 주고 기다리는 인내가 필요하다. 전체 활동을 통해 충분히 언어를 사용한 다음에 자신감이 생기고 난 후 전체 앞에서 말할 수 있는 기회를 준다. 이 단계에서는 교과서의 듣기 대화문을 활용하여 교사 발화 이외에 시청각 자료를 통해 제공하는 다양한 자료를 통한 노출이 필요하다.

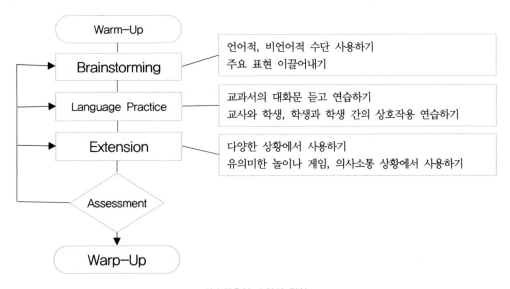

상호작용형 수업의 절차

2) Language Practice 단계

시청각 자료를 통해 다양한 대화문의 어휘나 문장이 쓰이는 상황과 실제 사용의 실례를 보고 그 의미를 이해하고 연습한다. 단어, 구, 문장을 들은 대로 말하도록 하며 그 내용을 상호작용의 자료로 삼아 학생들이 듣고 말한다. 상호작용을 위한 표현으로써 분명한 발화 요청하기, 이끌어내기, 반복하기, 이해점검하기 등의 기법을 사용하여 발화 연습을 한다.

3) Extension 단계

　　다양한 상황에서 듣고 말하며 연습한 내용을 사용한다. 단순히 배운 표현을 다시 연습하는 단조로운 활동이 아니라 게임이나 놀이 활동이 실제 상황과 유사한 유의미한 맥락에서 이루어져야 한다. 학생 자신의 생각을 반영하여 의사를 자유롭게 전달하는 과정을 일정 부분 담아내야 하고 예기치 못한 상황에서 말할 수 있어야만 의사소통적인 활동이라고 할 수 있다.

2 상호작용형 수업모형 적용의 기대 효과

1) 여러 가지 활동을 통해 스스로 체험하며 하는 영어 학습이 학습자들로 하여금 호기심과 동기는 강화되고 학습에 대한 참여는 증대되도록 도와준다.
2) 실제 세계보다 덜 복잡한 형태로 제시되므로 어려운 과제를 보다 쉽게 해결할 수 있다.
3) 쉬운 것에서부터 어려운 것으로 단계적으로 배워나갈 수 있다.
4) 예상치 못한 갑작스런 상황에 대처하는 경험을 가질 수 있다.
5) 타인에 대한 지각이나 태도를 변화시키고 세계, 문화 등에 대한 인식을 새롭게 하는 데 도움을 준다.
6) 신나고 재미있는 유의미한 상호작용인 역할극을 통해 의사소통능력이 신장된다.

V
단원수업설계

1 단원 설정 취지

　　일상생활에서 우리는 어떤 물건이 누구의 것인지 묻고 답하거나, 자신의 물건임을 확인하는 대화를 자주 나누게 된다. 또한 이러한 상황에서는 물건을 묘사하는 일이 많으므로 그 표현을 익혀 자연스럽게 사용하게 하는 것이 중요하다. 따라서 이 단원에서는 물건의 소유

를 묻고 답하거나 물건을 묘사하는 데 필요한 기본적인 의사소통능력을 기르는 데 그 목표가 있다.

2 단원목표

듣 기	물건의 주인을 묻고 답하는 표현을 듣고 이해한다. 물건을 묘사하는 표현을 듣고 이해한다.
말 하 기	물건의 주인을 묻고 답하는 말을 한다. 물건을 묘사하는 말을 한다.
읽 기	간단한 낱말과 어구를 읽고 의미를 이해한다. 간단한 문장을 따라 읽는다.
쓰 기	물건에 관한 쉽고 간단한 낱말이나 어구를 따라 쓰거나 보고 쓴다.
역 할 극 발 표 하 기	협력하는 마음과 배려심을 가지고 연습하여 모둠별 역할극을 발표한다. 역할극을 통해 의사소통능력을 자연스럽게 익힌다.

3 단원 지도계획

차시	학습단계	학습내용	준비물
1	Brainstorming	2단원 표현 복습, 배울 내용 알아보기	ball
	Language Practice	물건의 주인을 묻고 답하는 대화 듣고 이해하기 주요 표현 듣고 말하기	CD-ROM
	Extension	나는 탐정이다 놀이하기	CD-ROM, 색깔주머니
2	Brainstorming	생각보드 사용하여 표현 복습하기	생각보드
	Language Practice	Ann, Harry Teacher의 물건 찾아주기	그림카드
	Extension	Zingo 게임하기, 007 게임하기	Zingo, 색깔카드세트
3	Brainstorming	동영상 보며 표현 생각하기	CD-ROM
	Language Practice	주어진 낱말 따라 쓰고 읽기	CD-ROM
	Extension	교과서 175쪽 쓰기, Mini book 만들기	hand outs
4	Brainstorming	동물사진 보고 이야기 나누기	동물사진
	Language Practice	Story time "엄마가 되어 줄게"	CD-ROM

	Extension	모둠별 역할극 준비해서 발표하기	역할극 소품
	Brainstorming	Small talk	ball
5	Language Practice	Wrap−up	CD−ROM
	Extension	Hot seat 게임하기, 낱말 가방 만들기	PPT

④ 지도상의 유의점

1) 원어민 보조교사와의 Team Teaching을 통해 협력하는 모습을 보이고 학생들도 모둠 활동에서 서로 돕도록 한다.
2) 교실 안에서 의미 있는 상호작용이 되는 상황을 만들어 주도록 한다.
3) 학생들의 수준을 고려하여 지도한다.
4) 학생들의 흥미와 자신감을 이끌어 낼 수 있도록 지도한다.

VI
본시수업안

(수업자: 수석교사 안혜숙, 원어민 보조교사: Harry Culp)

TEACHING UNIT	Lesson 3. Is this your ticket?		PERIOD(TIME)	2/4(40')
			GRADE	4th grade
STRATEGY FOR TEACHING & LEARNING	Organizing group for study	Individual → Whole → Group → Whole		
	Model of Teaching	Interaction based instruction Model		
	Multiple intelligences	Linguistic, Spatial, Interpersonal, Intrapersonal, Bodily−Kinesthetic intelligences		

	Key expressions	A. Topic: Possessions
		B. Functions
		• Asking and answering about possession of an object:
		   Is this your bag?
		   − Yes, it's mine. / No, it's not mine.
		• Describing an object. "My bag is black."
		C. Structures
		• Is this your ( )?		

	• My ( ) is ( ). D. Vocabulary: key, pencil, bag, ruler, cap, cat, dog, ball, red, yellow, black, white, purple, brown, blue, pink, green, orange
OBJECTIVES	By the end of this lesson, the students should be able to 1. ask the question "Is this your~?" and respond by saying "Yes, it's mine. / No, it's not mine." 2. describe the color of an object
TEACHING AIDS	Chart, Flash cards, ball, Zingo game sets, 007 game cards sets

Stage	Teaching & Learning Activities		Time	Aids & Remark
	Teacher	Student		
Introduction	• Greetings/Recap (Through past units with Lauren Teacher) ET: What day is it today? ET: How are you today? ET: How is the weather? ET: What is it? ET: What is it? ET: What is your favorite color? ET: Good job! • Let's begin. KT: Today, we are going to learn the expressions about someone's belongings and colors of objects.	 — It's Monday. — I'm good / happy etc. — It is sunny / It's cold etc. — It's "Don't touch." — Don't jump. — It's blue / yellow etc. — OK.	5'	ball (수업은 항상 원어민 교사와 볼을 주고 받으며 묻는 질문을 듣고 대답하는 Listening & Speaking 활동으로 시작함)
Brainstorming	• Expressions KT: I'll show you a picture. Look at it carefully and make a full sentence. Look at the first picture. (Show a picture) Okay! What is it? Great! Can you make sentence for me?	 — It's a cap. — Is this your cap?	2'	Chart, flash cards
Brainstorming	ET: Let's see another picture. How do you say this? • Brainstorming KT: This time, I will show you some pictures. There are many lost items in	— (Students look at the picture and make a full sentence with it)	5'	chart, flash cards

Stage	Teaching & Learning Activities		Time	Aids & Remark
	Teacher	Student		
	the basket. Find the owner of those things. I'll try first. Lauren is this your bag? ET: No, It's not mine. Mine is green. KT: Oh, I see. Now who want to try it? (Each students try to find who's belongs) KT: Good job, everyone. When you try to find the owner of pictures, you say "Is this your (　)?" and what was the answer if it's yours? ET: What do you answer if it's not yours? KT, ET: Great!	−Okay. −OK. −Me! −Yes, it's mine. −No, it's not mine.		
Language Practice	• Look and Say KT: Now I need you look at the chart and repeat after us, okay?	−Yes! (Students look at the chart and listen & repeat after 2 teachers)	3'	
Extension	• Speak & Play −Zingo game− KT: Now, we're going to play the Zingo game. Here are some boxes for Zingo game. Supply manager! Would like to come up here and take one box for your group. ET: There are some yellow pieces of objectives. Every person should take one Zingo board and you need fill out blanks on your board. Everyone takes a turn of 'it'. 'It' is going to pull the Zingo machine and get some yellow blocks. Then ask to your players " Is this your (　)?" KT: All players look at the their board. If it has matched should say "Yes, it's mine." as fast as you can. Also others.		13'	Zingo game sets

Stage	Teaching & Learning Activities		Time	Aids & Remark
	Teacher	Student		
Extension	Should say "No, it's not mine." Can you do that? Are you ready? → Play Zingo game −007 game− ET: Now, we're going to play another game. Have you heard about '007 game'? Every group has a set of picture cards and a set of color cards. Okay? In your group, chose one person to go first. that person should take a picture card and show to the others group members. Then that student should point to any members of the group and say "is" the child who has been pointed at points to someone else and says "this". The pointing continue until the grow has made the sentence "Is this your (word from picture card)?" KT: The student who says the word from the picture card should say can either say "Yes, it's mine." or "No, it's not mine." If child chose to say "No." they must add "Mine is (insert colors)." the students either side if that child must make a grab for the chose colors. Whoever doesn't catch the color card has to do a dare. ET: Is it okay? Can you do that? → Play 007 game	− Yes, teacher! − Yes / No. − Okay.	10'	picture cards color cards Picture cards stacked up, color cards spread across desk
Wrap−up	• Let's review ET: Let's review today's lesson. KT: Next time, we're going to practice more. Oh, todays winner is team ( ). Good! I'll give you stamp. Everybody stand up, please. Chairs in, please. See you next time!!	 − Goodbye!	2'	

Area	Achievement Criteria	Method
Speaking, Listening, Reading & Writing Abilities	1. Ask the question "Is this your ~?" and respond by saying "Yes, it's mine. / No, it's not mine." 2. Describe the color and size of an object.	Observation Self-Evaluation
Learning Attitude	Enjoy the activities and mutual expect to each others	Observation Self-Evaluation

Ⅶ 본 수업 적용의 효과

1 상호작용형 수업 적용의 효과

1) 여러 가지 활동을 통해 스스로 체험하며 하는 영어 학습이 학습자들로 하여금 호기심과 동기는 강화되고 학습에 대한 참여는 증대되도록 도와주었다.
2) 실제 세계보다 덜 복잡한 형태로 제시되므로 어려운 과제를 보다 쉽게 해결할 수 있었다.
3) 쉬운 것에서부터 어려운 것으로 단계적으로 배워나갈 수 있었다.
4) 예상치 못한 갑작스런 상황에 대처하는 경험을 가질 수 있었다.
5) 타인에 대한 지각이나 태도를 변화시키고 세계, 문화 등에 대한 인식을 새롭게 하는 데 도움을 주었다.
6) 신나고 재미있는 유의미한 상호작용인 역할극을 통해 의사소통능력이 신장되었고, 학생들은 다음 역할극을 무척 기대하며 기다렸다.

Ⅷ 학생들의 반응

3학년 때는 연극을 안 했는데 4학면이
되어서 연극에서 없던 것들을 하니 신이
나고 선생님이 잠가르쳐 주시고 원어
인 선생님이랑도 하니 정말로 재
미있다.

· 해리 선생님과 친해짐
· 활동이 많음
· 앤선생님, 해리선생님이
좋음

재미있는 게임을 많이 해서
항상 기대되었고, 해리
선생님이 웃겨서 재미있다.

역할극, 재미있는 활동을 해서
재미있었다.

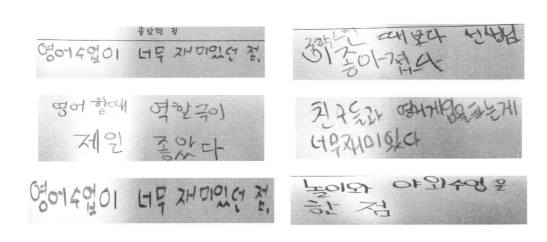

참고문헌

교육과학기술부,『실용영어 학습법 및 교수법』, 한국교육과정평가원, 2010

김동군 외,『2009 개정교육과정에 따른 초등학교 4학년 영어과 수업모형 및 교수·
    학습자료』, 초등영어실용연구회, 2014

김혜리 외,『초등학교 영어 3-4 지도서 ②』, YBM, 2014

멜레빈,『아이의 뇌를 읽으면 아이의 미래가 보인다』, 소소, 2003

에릭젠슨,『수업혁명 Ⅰ』, 한국뇌기반 교육연구소, 2011

토드 로즈,『나는 사고뭉치였습니다』, 문학동네, 2013

D.W.Carnine·J.Silbert·E.J.Kame'enui·S.G.Tarver·K.Jungjohann,『영어 읽기
    학습부진 직접교수법』, 학지사, 2009

David Nunan,『Teaching English to Young Learners』, Anaheim University Press,
    2011

H. Douglas Brown,『Teaching by Principles』, Longman , 2007

12

학부모를 어떻게
만나야 할까?

이영숙

학부모를 어떻게 만나야 할까?

이영숙

I
들어가는 말

     학급을 맡은 담임교사의 많은 역할 중에서, 학부모 상담자로서의 역할에 어려움을 토로하는 교사들이 많다. 교사는 학생교육을 학부모와 함께 해야 한다는 것을 받아들일 수밖에 없다. 가정교육과 학교교육은 긴밀하게 얽혀 있어 서로 영향을 주고받기 때문이다.

     학부모를 아동교육의 중요한 부분으로 생각하고 학부모 상담자로서의 역할을 교사가 적극적으로 해내는 것이 현명한 일이다. 학부모와 교사가 서로 협조적 관계를 잘 유지하면 학생교육의 효과가 극대화되는 반면, 학부모와 교사의 협조가 잘 이루어지지 않으면 오히려 학부모가 학생교육에 심각한 방해요인이 될 수 있다. 학부모가 아동교육에 도움이 되지 않거나 심지어 방해가 되는 경우, 교사가 학부모 탓만을 하고 있을 수도 없고 교사의 책임이 면해지지도 않는다. 아동교육의 방해요인이 발생하지 않도록 하기 위해서 교사는 학부모 상담자의 역할을 중요하게 여기고 적극적으로 수행해야 한다.

1 학부모 상담은 이렇게

가. 학부모와 교사는 학생의 올바른 성장을 위해서 함께 노력해야 한다.

학부모 상담의 목적은 학생을 돕기 위한 것이다. 학생에게 문제가 있으면 그 문제를 해결하고, 혹시 문제가 발생할 가능성이 있으면 그 문제를 미리 예방하고, 학생마다 고유하게 지닌 잠재력을 잘 찾아내 최대한 발현시킬 수 있도록 돕기 위해서 학부모와 교사가 함께 노력하는 것이다. 교사가 학생을 담임하는 1년은 짧은 시간이겠지만, 그 기간 동안 교사는 학생의 학교교육을 책임진 사람이므로 교사와 학부모는 공동의 목적을 위해서 함께 노력하는 대등한 관계에 있는 동료이며 하나의 팀이다.

대부분의 부모들은 마음에서 우러나와서든 자기 자녀를 위해서든 교사를 존중하는 태도를 보인다. 그러나 일부 학부모들은 교사의 나이와 경력이 적어 보인다는 이유로 교사에게 합당한 존중의 태도를 보이지 않는 경우도 있다. 교사와 학부모의 관계는 아동교육을 위해 서로 협조하는 두 전문가가 만나서 이루는, 즉 전문적 관계인 것이다. 그러므로 교사는 학부모의 언행이나 태도가 그러한 전문적 관계에 적합하다고 보이지 않을 때, 이를 시정해 주도록 정중하면서도 단호하게 요구할 필요가 있다.

나. 부모의 불편한 심경을 이해하라

학부모 상담에 임하는 학부모는 불안과 걱정, 자녀를 잘못 길렀다고 비난받을까 봐 두렵고 수치스러운 느낌, 부모 역할을 제대로 못한 것 같은 죄책감 등 부정적 생각과 감정들을 많이 가지게 된다. 이러한 심리적 불편함은 부모를 방어적으로 만들기 쉽고, 결과적으로 학부모 상담에서 아동의 문제와 성장에 초점을 맞추어 진행해야 하는 진지한 공동 노력에 기울이기 어렵게 한다.

학부모 상담에서 교사는 상담자이고 부모는 내담자다. 교사는 학부모 상담에 임하는 부모의 불편한 심경을 헤아리고 공감적으로 이해하는 데 초점을 맞추어야 한다. 교사가 학생에 대해서 긍정적인 말을 하고 부모에게도 자녀의 긍정적 측면을 찾아보게 하여 자녀의 긍정적 측면을 부각한 다음 학생의 현안 문제에 대해서 의논을 하게 되면, 교사와 부모가 모두 보다 희망적인 시각을 가지고 학생의 문제 해결과 성장을 위해서 협조자로서 노력하기가 훨씬 수월해진다. '문제'만 바라보면 암울하고 방어적이며 비판적인 느낌에 빠지기 쉽고 다른 사람을 비난하고 싶은 마음이 강해지며 문제를 피하고 싶어진다. 모든 부모는 자기 자녀가 잘 되기를 바라며, 잘 될 수 있다는 희망이 보일 때 변화를 위한 노력을 더욱 적극적으로 기울이게 된다.

다. 학부모 상담은 평소 준비에서 성공한다

교사는 평소에 아동의 특성과 행동 및 성취에 관련된 관찰내용을 기록해 두고 관련 자료를 보관하는 것도 학부모 상담을 위해 매우 좋은 준비다. 이런 자료는 평소에는 아동과 학부모에게 직접 전달되는 경우가 드물지만, 학부모 상담 시에는 매우 유용한다.

라. 학부모 내담자의 유형에 따라 접근하라

1) 자녀의 성장을 위해 상담을 원하는 학부모

보호자 고객 유형의 학부모에게는 학생교육에 대한 부모의 열의와 노력에 대해 인정하고, 아동교육을 위해서 교사도 부모와 함께 기꺼이 노력하고 협조하고자 하는 태도를 전달하며, 아동에 대한 부모의 생각과 느낌 및 학생교육에서 부모가 중요하게 여기는 점에 대하여 잘 들어야 한다. 또한 아동에 대한 교사의 전반적인 생각과 느낌 및 특별한 주의와 노력을 기울여야 하는 영역에 대한 교사의 의견을 전달하고, 필요시 문제의 유무 및 문제의 성격에 대한 교사의 판단도 전달하고, 문제해결 및 예방을 위한 교사와 부모의 협조방안 등에 대해서 자연스럽게 대화를 나누면 된다.

2) 자신의 문제를 상담받기 원하는 학부모

자녀의 문제와 관련하여 시작된 상담이 학부모 자신의 문제로 옮겨 가게 되면, 교사로서는 과연 그것이 학부모 상담에 적절한 것이지 의문이 생길 수 있고 상담의 방향을 어떻게 설정하여야 할지 혼란스럽게 느낄 수 있다. 학부모가 자신의 문제에 초점을 맞추는 쪽으로 상담이 흘러가더라도, 대부분의 경우 그것이 오래 지속되지는 않고 어느 정도 부모 자신의 문제를 다룬 후에는 다시 자녀 쪽으로 초점이 옮겨가는 것이 보통이다. 또한 부모 자신의 문제해결은 결과적으로 자녀에게 좋은 영향을 미칠 수 있다. 그러므로 교사는 부모가 자신의 문제에 초점을 맞추어 대화를 하고 싶어하는 경우 일단 자연스럽게 보조를 맞추어 경청하는 것이 도움이 된다.

3) 불평자 학부모

사람은 대체로 자신이 속한 체제나 자기 자신에 대해서 누군가 불만을 토로하면 방어적인 태도가 되기 쉽다. 그러나 학부모가 학교나 교사 자신에 대해서 불만을 이야기할 때, 교사는 일단 방어적 태도가 아닌 공감적으로 이해하려는 상담자로서의 태도로 학부모를 대하는 것이 매우 중요하다. 불만을 가진 사람은 그 불만을 충분히 이야기하고 싶어하고, 상대방이 충분히 들어보지도 않고 변명이나 항변을 하면 자신을 이해하려는 마음이 부족하다고 느끼며 더 화가 나는 것이 보통이기 때문이다.

상대방이 자신의 불만을 충분히 듣고 이해하려는 태도로 진지하게 경청한다면 그것만으로도 화는 많이 가라앉게 되며, 상대방의 입장을 헤아리려는 마음이 생길 수 있다. 교사 자신에 대한 학부모의 불만까지도 공감적 이해와 수용의 자세로 진지하게 들어주는 것은 교사가 인격적·전문적으로 매우 성숙한 사람임을 나타내는 것이기도 하다. 이런 학부모를 상담할 때는 학부모의 불평을 잘 듣는 데서 그치지 말고, 아동의 문제와 학부모 자신의 행동 및 부모-자녀 관계가 어떻게 관련이 있는지, 아동이 변화하기 위해 부모가 무엇을 시도할 수 있는지 등을 생각해 보도록 도울 필요가 있다.

4) 방문자 유형 학부모

교사를 가장 좌절하고 서운하게 만드는 학부모가 이런 유형의 학부모다. 스스로 자녀교육을 위해서 상담을 요청하지 않을 뿐더러, 교사가 아동을 위해서 노력하는 것조차 인정하지 않는 것처럼 보인다.

교사의 판단이 옳음을 무조건 주장하기보다는 우선 교사가 문제로 생각하는 아동의 특성과 관련하여 학교 밖의 상황이나 과거에 아동이 어떤 구체적 행동을 보여 왔는지를 학부모에게 보다 자세히 들어본다. 만약 부모가 구체적으로 알려주는 학생의 행동이 학교에서 보이는 모습과 매우 다르다면 그 또한 학생에 대한 중요한 정보이기 때문이다.

학교 외의 상황이나 과거에 학생이 보인 행동에 대해 부모에게 잘 들은 다음, 교사가 학교에서 학생에 대해 구체적으로 관찰·기록한 내용, 교사의 지도내용 및 아동의 반응, 변화의 추이 등에 대해서 누적 기록한 자료들을 제시한다. 이때 교사는 자신의 판단이 옳았음을 부모에게 설득하려는 태도가 아니라, 현재 학년에서 학생이 학교 내의 다양한 상황에서 보이는 행동들을 비교·종합하여 학생에 대하여 보다 정확하고 포괄적인 평가를 부모와 함께 이끌어 내고자 하는 태도로 임하여야 한다. 교사가 무조건 자신의 판단을 주장하지 않고 학생에 대해서 보다 종합적으로 판단하기 위하여 노력하는 자세로 부모의 의견도 존중하며 상담을 진행하면, 방문자 유형이었던 학부모의 대부분은 상담진행과 함께 고객 유형으로 변화할 수 있다.

마. 학생과 부모 특성 및 상황에 따라서 다양하게 접근하라

학부모 상담이 다양한 방식으로 이루어질 수 있다는 것은, 교사에게는 선택의 폭이 넓어 다행스러운 점이기도 하지만 다른 한편으로는 너무 많은 접근법 중에서 어떤 방식을 택해야 할지 몰라 혼란스럽게 느껴질 수도 있을 것이다. 이러한 혼란스러움을 해결하고 그때그때 가장 적절한 상담접근방법을 고안해 내는 것은 물론 상담자인 교사의 몫이다. 그러기 위해서 교사는 학부모에 대해 알고자 하는 시도를 먼저 하여야 한다. 교사가 아무리 좋은 의도와 좋은 상담기술을 가지고 있다고 하더라도, 결국 학부모가 교사의 도움을 잘 받게 되어야 학부모 상담은 성공하는 것이다. 학부모의 이야기를 잘 경청하며 학부모의 생각과 느낌 및 기대를 잘 이해하면 학부모를 돕기 위하여 어떤 접근방안이 주로 활용되어야 할지를 결정하기도 용이해진다.

바. 다룰 수 있는 문제로 만들고, 우선순위를 정하라

문제를 규정할 때는, '다룰 수 있는 문제'로 규정하는 것이 중요하다. 학부모 상담에서 학생의 모든 문제를 해결할 수도 없고 학부모가 제시하는 개인적·가족적·상황적 문제의 모든 것을 다 해결할 수도 없다. 큰 문제는 작은 문제들로 나누어서, 추상적 문제는 그 문제가 드러나는 구체적 형태로 나누어서 규정하여야 문제를 다룰 수 있다. "학교에 적응을 못한다."와 같은 문제는 너무 추상적이고 큰 문제라서 어디서부터 접근해야 할지 파악하기 어렵다. 학교에 적응을 못한다는 것이 어떤 영역에서, 어떤 행동들로, 어떤 모습으로 나타나는지를 구체적으로 알아보면 문제가 보다 분명하고 접근 가능한 형태로 규정될 수 있다.

문제의 우선순위를 정하는 것도 문제를 다루기 쉽게 규정하는 방법 중의 하나다. 여러 가지 문제를 한 번에 다루려는 태도는 현실적이지도 않고 효율적이지도 않다. 여러 가지 문제가 공존하더라도 그중에서 가장 먼저 해결되어야 하거나 혹은 가장 중요하다고 보이는 것부터 먼저 다루도록 하는 것이 효과적이다. 한 가지 문제를 먼저 해결하고 나면 그것이 긍정적 파급효과를 가져와 나머지 문제들도 보다 쉽게 해결할 수 있다.

사. 추수적 만남을 통해 학부모를 지원하라

교육이 하루아침에 완성되는 것이 아닌 것처럼, 학부모 상담의 성과도 한 마디의 결정적 판단이나 한 번의 간단한 조언으로 금방 이루어지는 것이 아니다. 교사는 학부모의 상황과 학생의 문제를 잘 이해하였고 조언도 적절히 잘 주었다고 생각되더라도, 학생의 문제가 금방 해결될 것이라고 기대하지 않는 것이 현실적인 태도다. 조언을 학부모가 적용하면서 어떤 점을 발견하는지, 적용 과정상의 어려움은 무엇인지 등을 후속적 만남이나 전화·메일 등을 통하여 점검하고 의논할 수 있도록 한다. 더불어, 학생의 문제해결에 시간이 걸릴 수 있고 중간과정에서 퇴보하는 기간이 있을 수도 있음을 학부모도 알고 끈기있게 노력을 지속할 수 있도록 학부모를 지원하고 격려하여야 한다.

아. 주변 자원을 활용하라

학부모들 중에는 담임교사 혼자서 상담하기 어려운 사람들도 종종 나타나는 것이 현실이다. 기본적으로 교사가 기억해야 할 것은 굳이 담임교사 혼자서 학부모를 상담해야 하는 것은 아니란 점이다. 학교에는 학교행정뿐 아니라 교육이 전반적으로 원활히 이루어지도록 교사를 지원할 책임을 가지고 있는 교장, 교감, 수석선생님이 있고, 경험이 풍부한 선배교사 및 전문상담교사 자격증을 가진 교사들도 함께 있다. 그런 자원들을 잘 활용하는 것도 담임교사로서 매우 현명한 일이다.

교사가 활용할 수 있는 주변 자원에는 학교 내의 자원뿐만 아니라 학교 외의 자원까지 포함된다. 학부모나 학생의 심리적 문제가 전문적 상담을 요하는 것이라고 판단되면, 적절한 전문상담자를 찾아가 의뢰하는 것이 좋다.

II
정리하며

교사의 학교생활 중에서 학부모와의 상담이 많은 부담감을 갖는 업무 중에 하나이다. 그러나 우리가 맡고 있는 학생들의 올바른 성장을 위해 학부모와의 소통은 대단히 중요하므로 적극적인 자세가 필요하다. "말 한 마디로 천 냥 빚 갚는다."라는 속담처럼 학부모와의 만남에서 불안한 학부모 마음이 공감의 말 한마디로 편안해진다면 상담은 서로 해결 방법을 찾아가는 시간이 될 것이다. "사춘기라서 ○○○가 그런 특성을 보일 수 있습니다. 어머님도 변덕스러운 자녀 감정을 받아주시느라 힘드시지요? 감정에 일일이 대응하시기보다는 자녀의 마음이 가라앉은 뒤 차근차근 말씀을 나누시면 대화가 좀 더 부드러워지실 거예요."와 같이 감정을 공감해 주고 해결방법을 상담하면 좋은 결과를 얻을 수 있다.

반면 주의할 말은 "○○○의 이런 행동이 문제입니다. 그러니 가정에서 각별히 신경 써서 지도해 주세요."으로, 이와 같은 식의 말은 효과가 없다.

학부모 상담은 내가 맡은 학생을 위해 1년간 학부모, 교사가 어떤 도움을 줄 수 있을지 의논하고 함께 고민하는 자리가 되어야 한다.

참고문헌

김혜숙 외, 『교사를 위한 학부모 상담 길잡이』, 학지사, 2013

찾아보기

저자 약력

추 광 재 한국교원대학교 및 대학원 강사, 상지대학교 및 대학원 겸임교수
        저서: 교육과정론, 교육과정의 이해, 수업방법의 이론과 실제 외

임 춘 희 강릉율곡초등학교 수석교사
        강릉 '미덕프로젝트 수업연구회' 회장

구 효 숙 북평초등학교 수석교사

박 영 미 경포초등학교 수석교사
        학습지도 및 생활교육 강의

성 연 이 강릉 중앙초등학교 수석교사
        '중앙 질문중심 수업연구회' 회장

변 서 영 정라초등학교 수석교사
        삼척 '감성하브루타 수업연구회' 회장

최 원 경 홍천남산초등학교 수석교사
        좋은교사 수업코칭연구소 선임연구위원

백 성 숙 양구초등학교 수석교사, 한림대학교 및 춘천교대 외래 교수
        저서: 건강증진프로그램 개발 및 평가

문 주 호 속초 교동초등학교 수석교사
        저서: 초등 5, 6학년 공부법의 모든 것(공저) 외

남궁은미 무실초등학교 수석교사
        '강원초등영어교육연구회' 회장, TaLK 프로그램 컨설턴트

안 혜 숙 청운초등학교 수석교사
        교사 해외연수 전문 코디네이터

이 영 숙 강릉 성덕초등학교 수석교사

초등교사를 위한 행복한 교실 만들기: 12가지 TIP!

초판발행	2018년 5월 25일
중판발행	2021년 7월 20일
지은이	추광재·임춘희·구효숙·박영미·성연이·변서영 최원경·백성숙·문주호·남궁은미·안혜숙·이영숙
펴낸이	노 현
편 집	김명희·노하영
기획/마케팅	송병민
표지디자인	조아라
제 작	고철민·조영환
펴낸곳	㈜ 피와이메이트 서울특별시 금천구 가산디지털2로 53, 한라시그마밸리 210호(가산동) 등록 2014. 2. 12. 제2018-000080호
전 화	02)733-6771
f a x	02)736-4818
e-mail	pys@pybook.co.kr
homepage	www.pybook.co.kr
ISBN	979-11-89005-17-7 03370

copyright©추광재·임춘희·구효숙·박영미·성연이·변서영·최원경·백성숙·문주호·남궁은미·
안혜숙·이영숙, 2018, Printed in Korea

정 가   18,000원